Poyraz Karayel

BİR MUCİZE OLSUN

POYRAZ KARAYEL
Bir Mucize Olsun

Yazan: Ethem Özışık
Yayına hazırlayan: Deniz Gürlek
Editör: Sevim Erdoğan

1. baskı / Haziran 2017
13. baskı / Haziran 2017 / ISBN 978-605-09-4301-6
Her 2000 adet bir baskı olarak kabul edilmektedir.
Sertifika no: 11940

Kapak tasarımı: Erbil Kargı
Kitap tasarımı: Lerna Adsız Çalgan
Baskı: Mega Basım Yayın San. ve Tic. A.Ş.
Cihangir Mah. Güvercin Cad. No: 3/1
Baha İş Merkezi. A Blok Kat: 2
34310 Haramidere-İstanbul
Tel. (212) 412 17 00
Sertifika no: 12026

Doğan Egmont Yayıncılık ve Yapımcılık Tic. A.Ş.
19 Mayıs Cad. Golden Plaza No. 1 Kat 10, 34360 Şişli - İSTANBUL
Tel. (212) 373 77 00 / Faks (212) 355 83 16
www.dogankitap.com.tr / editor@dogankitap.com.tr / satis@dogankitap.com.tr

Poyraz Karayel

BİR MUCİZE OLSUN

Ethem Özışık

DK DOĞAN KİTAP

Bu kitap "Poyraz Karayel" dizisinin
1-55. bölümleri arasındaki
senaryolarından derlenmiştir.

Diziler biter, kitaplar sonsuzdur...

AYŞEGÜL Kusura bakma günlük olduğunu bilmiyordum.

POYRAZ Aslında kariyerine günlük olarak başlayan o zavallı defter, sonraki yıllarda şiir defteri olup, nihayet bakkal defteri olarak emekli olmuştur. İstersen sende kalabilir.

AYŞEGÜL Ama bu çok özel bir şey değil mi?

POYRAZ Değil. Zaten ilerde bir yayınevi illaki basacak. Bari boşa para verme.

Sevgili deli kardeşlerim... Maalesef ben O değilim.

Ama umudunuzu kaybetmeyin, bir gün O gelecek. Evet, gelecek. Sefil ruhlarımızın karanlığına bir güneş gibi doğacak! Hayır, ben O değilim! Ama O gelecek! Belki karlı bir gecenin akşamında yahut serin bir bahar sabahının ilk ışıklarında O gelecek! Binlerce on binlerce âşık onun gelişiyle bir kez daha aşka düşecek. Bu sefer topyekûn zavallı aklımız çaresiz kalacak. Önce inkâr edecekler O'nu! Sadece gerçek âşıklar tanıyacak!

Geceleri evine ekmek götürmek için yol kenarında bekleyen hayat kadınlarını o kurtaracak!

Ganyan bayilerinde bir umut ve hayale aldanan umutsuzlar için O umut olacak!

Her gün aynı ruhsuz hayatı yaşayan insanlara bir hayatları olduğunu O hatırlatacak!

O aşkı bize yeniden öğretecek!

Kendi benliğimize hapsolmuş bu kahrolası dünyada bizi ancak O özgür kılacak!

İşte o gün gecekondu mahallelerinin çamurlu sokaklarında misket oynayan çocuklar kafasını kaldırıp gökyüzüne baktığında bambaşka bi aydınlık görecekler! O gün geldiğinde akıllılar delirecek, gerçek deliler itibar görecek! Haklı ve haksız O geldiğinde anlaşılacak!

Bekleyin kardeşlerim! O'nun gelişini bekleyin! O gün siz ve ben tekrar buluşacağız! İşte o zaman siz beni takip edin! Ben O değilim ama sizi O'na yalnızca ben götürebilirim!

POYRAZ

AYŞEGÜL	Hayatımda gördüğüm en zavallı insan değilsen bile... ilk üçe girersin en azından.
POYRAZ	Bu lafları daha önce de duydum.
AYŞEGÜL	Beyoğlu'nun üçüncü sınıf barlarında senin gibi dikiş tutturamamış onlarca kadından biriydi eminim. Sana ne kadar zavallı olduğunu söyleyip sonra da bardağı yüzüne boşaltmıştır...
POYRAZ	O kadar kaba bir insan değildi.
AYŞEGÜL	Ne yaptı peki?
POYRAZ	Evlendi benle.

POYRAZ	Çocuk olmak ne zor di mi? Hele benimki gibi manyak bi baban varsa... Dünyada her şey aklıma gelir... Ama seni üzmek bunlardan biri değil. Sen dünyada üzülmesi gereken en son çocuksun... Tek şanssızlığın benim gibi bir baban olması.
SİNAN	Ben seni hâlâ çok seviyorum. Ama sen bana bağırıyorsun.
POYRAZ	Sana bağıran yerlerime inme insin inşallah.
SİNAN	Ya deme öyle... Bi daha bana bağırmıyıcan di mi?
POYRAZ	Bağırmıyıcam.
SİNAN	Söz mü?
POYRAZ	Bi babanın evladına yapacağı en büyük kötülük ne biliyor musun?
SİNAN	Ne?
POYRAZ	Tutamayacağı sözler vermek...

Evladım, gözüne uyku giriyorsa sen âşık değilsin.
Boğazından lokma geçiyorsa sen âşık değilsin.
Sözün özü: Sen sende olduğun sürece sen âşık değilsin.

BAHRİ

Hayaller Che Guevara, gerçekler Pablo Escobar.
Kader desen Küçük Emrah anasını satayım.

ZÜLFİKÂR

Hayat kısa. İnsanlar ölüyor.

SEFER

Bi kalbi bi kere kırarsın anlarım... Hadi iki olsun.
Seninki kalp kırmak değil artık cinayete
tam teşebbüs Poyraz.

AYŞEGÜL

Ben sana hep ne dedim... Büyümek bi çocuk için
en sakıncalı şey... Bak görüyorsun işte babanı...
Sen sakın büyüme tamam mı? Büyürsen ölürsün...

POYRAZ

POYRAZ Anlamlar Albayım. Bazı kelimelere sığmıyor. Ayrılık mesela... Sevenlerin sınavı diyebilir miyiz?

CEVHER ALBAY Deriz Poyraz evladım. Sen ne istersen onu deriz.

POYRAZ Sinan diyelim, Ayşegül diyelim. Ama ayrılık demeyelim. Yüreğim kaldırmıyor artık Albayım.

CEVHER ALBAY Senin kalbin çok güçsüz Poyraz. Sabahları koşman lazım.

POYRAZ Öyle değil be Albayım. Aslında benim sabahları ölmem lazım.

SEFER Bu ne be kardeşim! Başlıyıcam ışığına da, kırmızısına da.

ZÜLFİKÂR Küresel sermaye.

SEFER Ney?

ZÜLFİKÂR Trafik ışıklarının ardındaki tezgâh. Küresel sermaye.

SEFER Nasıl yani?

ZÜLFİKÂR İstanbul'da kaç tane trafik ışığı var biliyor musun? Yaklaşık 1500. Trafikteki araç satışı 78 bin 417. Hadi 78 bin diyelim. Her araba sadece ve sadece diyelim ki bir dakkasını kırmızı ışıkta bekleyerek geçiriyor. Ne yapar? Yaklaşık 4,5 milyon saniye. Bu da n'apıyor? Yaklaşık 1300 saat. Şimdi gelelim hayati soruya.

TAŞKAFA Oğlum sen bir şey mi içtin?

SEFER Deli bu ya! Kafayı yedi iyice.

ZÜLFİKÂR 1300 saat sadece kırmızı ışıkta bekliyorsun. Bir arabanın en fazla benzini kalkarken tükettiğini de hesaba katarsak. Diyelim ki 10 kuruşluk benzin yakıyor tamam mı? 78 bin araç çarpı 10 kuruş. Düz hesap 8 bin lira. Tüm Türkiye genelinde trafikte 13 milyon araç var. Hadi traktörü mobileti çıkar, 10 de.

SEFER 80 bin araç diyelim 8 bin yapıyorsa. 10 milyon araç... 1 milyon lira.

ZÜLFİKÂR 365 günle çarp.

SEFER 365 milyon lira.

ZÜLFİKÂR 50 ülkede bu sistemi kurmuş olsa... Ben söyleyeyim. 18 milyar lira. Her sene sadece insanların 18 milyar lirası bu lanet ışıklarında beklediğimiz için uluslararası sermayeye gidiyor.

TAŞKAFA Vay anasını. Tezgâha bak!

ZÜLFİKÂR İşte vahşi kapitalizm denen şey bu. Adamlar dururken bile senden para kazanıyo.

SEFER Bir daha kırmızı ışıkta duranı siksinler afedersin. Enayi miyim lan ben? Bas gaza bekleme ya!

POYRAZ Emin misiniz?

ZÜLFİKÂR Küresel sermayenin kölesi olmayacağız! Bas birader!

Hayatım boyunca umut ettim... Bir aile kurmak. Çocuk sahibi olmak hayallerimin arasında ilk sırada yer almıyordu... Rahmetli annem derdi kızınca... "Anne olunca anlarsın..." Bir insanın anne olması için sadece karnında küçük bir tohum olması yetiyormuş meğer... Doğmamış olabilir ama ben yine de anne sayıyorum kendimi...
İşte bu dayak yiyen adam. **Benim sevdiğim adam.** Bakmayın böyle perişan durduğuna sıkı adamdır... Âşık olmayı biliyor bir kere... Başımıza on bin tane felaket geldi... Ama ben hiçbir zaman onu suçlamadım. Belki bir iki kere... Bence bu halde bile çok yakışıklı duruyor...
Bütün kız çocukları gibi... Babamı ölesiye seviyorum... Çok kızdığım zamanlar da oldu. Sorun değil... Yazık hep çocuğumun doğduğu günü onunla hayal etmiştim. Kesin kucağına alır almaz gözyaşlarına boğulacaktı. Beni alnımdan öperdi kesin... Poyraz'a gururla bakardı... Torununu başka severdi kesin... Ben de kesin kıskanırdım...
Hepimiz bazen hayal kırıklığı yaşarız... **Hayat bu.** Zaten onun amacı hayallerimizi kırmak. Bizimki hayata direnmek. Bazen pes ederiz... Şu an benim yaptığım gibi... Karnımdaki bebeği... Sevdiğim adam için feda ediyorum...
Aşk için neleri feda ederiz?
Bilmiyorum. Şu an doğru bir şeyi mi seçtim, bilmiyorum. Belki bir ömür boyu karnımda bir pişmanlıkla yaşayacağım...
İşte gidiyorum. Az sonra tüm hayallerim ve tüm umudum belki kan pıhtısıyla beraber uçup gidecek. Ben çok ağlayacağım... Poyraz da çok ağlayacak...
Ne yapalım. **Aşk böyle bir şey işte... İnsan tam bi budala gibi her şeyden kolaylıkla vazgeçebiliyor...**

AYŞEGÜL

Ya Ayşegül. Ben seni koklamak... Mümkünse
koklaya koklaya bitirmek istiyorum. Bi insan bu kadar
güzel kokmamalı. Haksızlık, yemin ediyorum.
Çiçek olsam utancımdan solarım ya...

POYRAZ

Ben hayatımda bi insanı iki kere uyarmadım.
Bir kere uyardım, ikincisinde mezarına çiçek koydum hep.

BAHRİ

Ofsaytı bilen kadın çekiciliği diye bir şey yoksa
Allah benim bin belamı versin.

SEFER

Evladım, bizim hayallerimize haciz gelmiş
apoletlere gelse ne olur.

CEVHER ALBAY

İnsan sevdiğinden kaçıyorsa yakalanmak istediği içindir.

AYŞEGÜL

BIRAK ACISIN. İNSAN YARALANMAYI BİLİYORSA
ACI ÇEKMEYİ DE BİLMELİ...

SADREDDİN

MELTEM	Hacı sana bir şey sorcam. Kaçtır aklımda hep unutuyorum.
ZÜLFİKÂR	Buyur sor.
MELTEM	Senin kaşlar lens mi ya?
ZÜLFİKÂR	Ney?
MELTEM	Maşallah tren yolu gibi...
ZÜLFİKÂR	Sen kendi kafana bak. Apaçilere benzemişsin!

SEMA	Katlanabilecek misin?
SEFER	Ben katlanmam. Sabrederim.
SEMA	Ne farkı var?
SEFER	İnsan sevmediklerine katlanır. Ama sabır aşktandır.

CEVHER ALBAY	*Sen yalnızlığı bilmezsin.*
POYRAZ	*Ben mi bilmem. Bu yalnızlığı icat eden adam benim be. Yüksek lisansını, mastırını yaptım haberin yok senin. Dünyadaki bütün yalnız kederli ve mutsuzlar bana telif ödüyor Albayım. Uyandırayım sizi.*

POYRAZ Sanırım bi açıklama bekliyorsun.

AYŞEGÜL Açıklama olur. Basın toplantısı olur. Deklarasyon olur... Hepsi olur.

POYRAZ Baştan alayım... Gaz bulutu var bi tane... Bu böyle dönüyor tamam mı?

AYŞEGÜL Biraz daha ileri sar.

POYRAZ İşte kavimler göçü filan derken... Biz de Anadolu'ya geliyoruz. Bunlara Sakarya Meydan Muhaberesi'nde bi çakıyoruz Ayşegül! Görmen lazım. Ya tamam, kız çok güzel filan ya. Dedim kıskanırsın olay çıkmasın. O yüzden öyle salladım.

AYŞEGÜL Kız çok mu güzel?

POYRAZ Bence değil. Genel kanı öyle. Halkımız öyle uygun görmüş.

AYŞEGÜL Ulan hadi kız güzel diyelim. Senin neyini kıskanayım ben ya! Akıl var mantık var! O kız sana bakar mı?

POYRAZ Nasıl yani? Niye bakmasın?

AYŞEGÜL Baksın mı istiyorsun?

POYRAZ Yok da. Bizi de o kadar hafife alma yani...

AYŞEGÜL Sakın peşimden gelme bak!

POYRAZ Ya Ayşegül tamam. Uzatma istersen.

POYRAZ Ne ödevi verdiler?

İSA Ülkemiz! Ülkemizi yazacakmışız. İşte ne alırız ne satarız. Mevsimler nasıl geçer. Komşularımız falan filan. Hep aynı şeyler ya.

POYRAZ Yaz bakalım İsa! Türkiye Cumhuriyeti iki nokta üst üste. Üç tarafı denizlerle çevrili içi yalnızlıkla dolu bir kara parçasıdır.

İSA Ama bu olmaz ki...

POYRAZ Olur olur. Mis gibi olur. Yaz sen. Burda ödev yapmıyoruz. Tarihe not düşüyoruz. Ekonomimiz: Antalya'da portakal, Afyon'da sucuk,

İzmit'te pişmaniye yetiştirip bunları bir türlü kimseye satamayız!

İSA Poyraz Abi bu ne biçim ülkemiz?

POYRAZ Ne var lan! Mis gibi ülkemiz işte. Sana da ülkemizi beğendiremiyoruz. Yaz işte! Hem benim kafamı dağıtıp durma. Ayrıca Fransa'dan aydınlarımız için bunalım, sporseverler için Afrika'dan stoper, Rusya'dan gelinler ithal edilip bunlar ülkemiz senaristleri tarafından diziye dönüştürülüp Araplara satılır.

İSA Öğretmen çok kızacak.

POYRAZ Kızarsa buz koyarız. Ayrıca ülkemizde yazlar sıcak ve ter kokulu, kışlar soğuk ve yalnız geçer. Hem de çok yalnız geçer be İsa.

İSA Poyraz Abi ben kalksam mı acaba?

POYRAZ Otur, daha yeni başladık. Ülkemizde en gelişmiş spor dalı karşılıksız sevmektir. Karşılıklı sevmeyi bir türlü beceremediğimizden az gelişmiş ülkeler seviyesinde kalırız. Oysa Batılı gelişmiş ülkelerde insanlar birbirini hep karşılıklı severler.

Bırak
imkânsız kalsın

BAHRİ Aşk sır kaldırmaz Sefer. Bir yerden illa açık bulur. Sen onu konuşmazsın. O seni konuşur. Anlatır her yerde. Anlat şimdi ne oldu?

SEFER Dayanamadım. Çektim bi gece yolun kenarına arabayı. Dedim böyle böyle. Vurgunum dedim. Seviyorum dedim. Ama yok be baba. Bi dönüş yok. Öyle bekliyoruz.

BAHRİ Ne bekliyorsun?

SEFER Bi güler yüze tapiyiz be baba. O bile yok.

BAHRİ Âşıklık zor meslektir evladım. Sevdiğinden bir şey beklemek olmaz. Âşıklık vermek mesleğidir, almak olmaz.

SEFER N'apıcaz peki?

BAHRİ Çekeceksin nazını... Gerekirse bir ömür bekleyeceksin.

SEFER Ya hiç sevmezse?

BAHRİ Ya severse?..

ZÜLFİKÂR Bi dahakine bana da Beşiktaş forması getireceksin anlamam! Şuraya bak! Üzerinde yazana bak!

TAŞKAFA Zülüf sen de taktın ha! En büyük derdin bu olsun! Lan şu halimize bak! Gecenin yarısı çukur kazıyoruz! Düştün tişört derdine. Hay Allah kahretsin!

ZÜLFİKÂR Ne oldu?

TAŞKAFA Kıble böyleymiş. Çukuru yanlış kazdık.

SEFER Heriflere bak! Biri tişört derdinde. Kıbleyi n'apıcan oğlum, kalkıp namaz mı kılacak!

TAŞKAFA Ölü dediğin öyle gömülür.

SEFER İstersen bir de yıkayalım adamları. Yalnız pamukları sen tıkarsın, ben karışmam.

TAŞKAFA İnşallah rüyalarıma girmez.

POYRAZ Alkol bütün kötülüklerin kayınçosudur Sinancım.

SİNAN Anası değil miydi o?

POYRAZ Analarımızdan kötülük çıkar mı? Çıkmaz. Nerde bir alavere dalavere var. Hemen bacanaklara bakacaksın. Kayınçolar, enişteler, bunlar en tehlikeli türdür.

AYŞEGÜL Seni görmem lazım.

POYRAZ Sen ne diyorsun Ayşegül. Benim seni komple içime çekmem lazım.

Ben tehdit etmem, söz veririm.
Sözümü tuttuğumu da herkes bilir.

BAHRİ

İhanet ne kadar yakından gelirse
merhamet o kadar uzaklaşıyor insandan...

BAHRİ

Ölmek de öldürmek gibidir.
İkisinde de pişman olmak fayda etmez.

BAHRİ

İnsan kendinin cahili değildir.

BAHRİ

DESPİNA Pardon!

BAHRİ Buyrun.

DESPİNA Ben Bahri Umman'a bakmıştım.

BAHRİ Ben de yıllarca baktım.

DESPİNA Nasıl efendim?

BAHRİ Ne için bakmıştınız?

DESPİNA Bi iş için kendisini rahatsız edecektim de. Çiçekler ne güzel... Siz mi bakıyorsunuz?

BAHRİ Evet.

DESPİNA Bahçıvansınız galiba?

BAHRİ Becerebildiğim kadar...

DESPİNA Bir şey sorucam ama...

BAHRİ Buyrun.

DESPİNA Bu Bahri Umman nasıl bir adam?

BAHRİ Öyle normal, sıradan bi adam...

DESPİNA Çok acımasız? Dengesiz? Sinirli filan değil di mi?

BAHRİ Bizim Bahri Bey mi? Duruma göre değişir. Gençliğinde çok başkaymış. Torunu olduktan sonra elini ayağını çekti her şeyden. Görseniz şimdi Noel Baba gibi adam.

DESPİNA Bilmiyorum, ben pek alışık değilim de bu işlere.

BAHRİ Hangi işlere?

DESPİNA Ne bileyim... Nasıl deniyor... Karanlık mı?

BAHRİ Mafya gibi mi?

DESPİNA Evet...

BAHRİ Yalnız kendisi mafya lafından pek hoşlanmaz.

DESPİNA Hımm bunu öğrendiğim iyi oldu.

POYRAZ Sen hiç çocuk oldun mu Albayım? Ben oldum, çok canım acıdı... Sen hiç terk edildin mi Albayım? Yok hayır, kendimi acındırmak için söylemiyorum. Burda maksat büyük fotoğrafı görmek Albayım.

CEVHER ALBAY Görelim Poyraz. Büyük fotoğrafı görelim...

POYRAZ Görelim ama... O fotoğrafta ben yokum Albayım... Konuşurlardı Albayım... Babam bizi halamın evine bırakıp gitmeden az evvelki günler... Eniştem her sabah söyleniyor... İstenmeyen çocuk ilan edilmişim. Donlarım, atletlerim ortalıkta yıkanıyor... Yanımda kardeşim... Uyumak istiyorum ama.

Konuşmaları duyuyorum Albayım. Duymak istemiyorum.. Kendi yetmedi bi de çocuklarını getirdi babam, Albayım. Çocuğum daha... Duymamam gereken şeyleri duyuyorum... Kardeşime sarılıyorum Albayım. Bari o duymasın diye kulaktan kulağa oynuyorum... Kulaklarım ağrıyor Albayım. Leğenler, paspaslar, mandallar fazlalık değil, ben fazlalığım Albayım... Kardeşim üzülmesin diye ağlamıyorum... Sonra babam gidiyor Albayım...

Babam öylece gidiyor... Geri gelecek zannediyorum... Yaz, bahar kış geri geliyor; babam gelmiyor Albayım... Giderken insan hiç değilse bir kere dönüp bakmaz mı? Bakmıyor Albayım... Sen hiç çocuk öldün mü Albayım? Ben öldüm, çok canım acıdı...

Bizim yanmaya canımız kalmadı artık.

SEFER

Düşünsene çocuksun. 8 yaşındasın. Ölebilecek bir sürü akraban var. Bütün hayatını at yarışıyla geçiren tapu kadastrodan emekli bi eniştem vardı mesela... Numan Enişte. O ölseydi mesela... Teyzem biraz ağlardı. Sonra gider defnederdik. Enişte kimsede bir iz bırakmazdı... Bir haftaya unuturduk filan... Oysa benim gide gide annem gitti.

POYRAZ

Hepimiz korkuyla yaşarız Poyraz. İnsanoğlunu ayakta tutan şey korkudur. İnsan demişler... Bir parça et ve bolca endişeden oluşur.

ADİL TOPAL

Ben tanıdığımda Poyraz Karayel'di. Sonra Poyraz Topal oldu. Şimdi de Poyraz Umman olmaya doğru gidiyor.

AYŞEGÜL

Dayıcım, yalnız temiz iş. Ben sevdim. Adamlar ince çalışmışlar. 10 numara dayak yemişsin. Bu işin ticaretini yapsa vergi rekortmeni olur bu adam.

TAŞKAFA

SEMA Bak kalbini kırdıysam özür dilerim gerçekten...

SEFER Yok be gülüm. Ne kırıcan kalbimi... Bizim kalbimiz öyle kırılan bozulan cinsten değil. Yekpare dökme demirden. Sen sıkma canını.

MELTEM Beni bu küresel havalar mahvetti...

ZÜLFİKÂR Kızım sen de benden rol mü çalıyon ya? Benim replikleri söyleyip durmasana...

ZÜLFİKÂR	Kızı kovaladık filan! Poyraz'ın kız kardeşi çıktı ya lan!
TAŞKAFA	Terörist miymiş kız!
ZÜLFİKÂR	Terörist tipi yok abi kızda. Kafa gitmiş zaten. Anarşizme çalıyor hafif.
SEFER	Kum bejinin kesekâğıdına çalanı gibi mi?
ZÜLFİKÂR	Gibi gibi...
TAŞKAFA	Camgöbeğinden çimen yeşiline dönerken bir ara ton var...
ZÜLFİKÂR	Bak bu daha güzel.
SEFER	Allah'ın manyakları...

❖

POYRAZ	En fazla delik deşik ederler. Zaten içim sıkılıyodu, biraz hava alırım.
AYŞEGÜL	Komik mi şimdi bu!
POYRAZ	Bence komik!

❖

METE	Bu yaptığını ödeyeceksin.
POYRAZ	Üzerimde nakit yok yalnız. Kredi kartına taksit yapıyor musun?

POYRAZ Yaz bakalım. Sevgili babacım. Nasılsın? Biz iyiyiz. Yokluğunda anneme çok iyi bakıyorum. Umarım sen de gittiğin yerde iyisindir. Sen gittiğinden beri... Sen gittiğinden beri hayat çok zor baba. Keşke bizi bırakıp hiç gitmeseydin. Hiç gitmeseydin... Belki o zaman o yağmurlu pazartesi sabahından sonra günlerce balkonda kurutulmuş biber gibi bekleyip yolunu gözlemezdim. O zaman belki "bizi terk etmediğini yakında geleceğini" söylediğimde Manav Şükrü'nün kekeme oğlu benle dalga geçmezdi.

İSA Poyraz Abi iyi misin?

POYRAZ İyiyim, yaz sen. O zaman belki. Belki o zaman... Ne bileyim... "Hayat" bana böyle davranmazdı... Seni çağırırdım "hayat"ın ağzını burnunu kırardın.

CEVHER Hadi evladım, sen git evine. Yorgunsun belli.

POYRAZ Yoruldum Albayım. Yaşamaktan yoruldum. Korkuyorum ölmeye gücüm kalmayacak...

SEFER	Poyraz n'oluyo lan! Adam gibi anlat ne boklar yiyorsun!
POYRAZ	Ya Sefer durdurmasaydın arabayı!
SEFER	Anlat oğlum adam gibi!
İSMAİL KARAYEL	Oğlum nerdeyiz biz?
POYRAZ	Abi bu adam Adil Topal değil! Benim babam da değil!
MELTEM	Muadili bu!
POYRAZ	Evet, muadili. Muadil Topal bu!
SEFER	Ne diyon lan!

POYRAZ	Herif bize oyun oynamış. Bahri Baba'nın babasını bu öldürmemiş. Adamı görmemiş bile...
İSMAİL KARAYEL	Poyraz doğru söylüyo. Ben doğma büyüme Ayvansaray çocuğuyum. Mardin nere? Ayvansaray nere?
ZÜLFİKÂR	Sen bi sus elimin tersindesin. Allah yarattı demem!
MELTEM	Hoop. Yine de babamız sayılır. Ağır ol.
İSMAİL KARAYEL	Kızım sen niye bu adamın kucağında oturuyorsun!
TAŞKAFA	Yer yok arabada birader farkındaysan.
SEFER	Hani sen vurmuştun bu adamı!
POYRAZ	Yok ya! Bahri Baba'ya anlatsam inanmayacaktı! Dümen çevirdik. Hem bu adamın suçu yok. Hem bunu kurtardım hem de Bahri Baba'yı bir masumun kanına girmekten kurtardım; anladın?
SEFER	Bi bok anlamadım!
ZÜLFİKÂR	Ya böyle alavere dalavere görmedim arkadaş! Nasıl sakladın bunca şeyi birader?
TAŞKAFA	Biz Ümran Hanım'ın kocasını öldürdük zor susuyorum, bana kalsa herkese anlatıcam!
POYRAZ	Ne yaptın sen?

SEFER Al gerizekâlı. Ağzından kaçırdığı adam da polis.

TAŞKAFA Abi öyle değil. Anlatıcam. Nefsi müdafaydı olay. Yalnız Ümran Hanım'ın haberi yok. Dikkat edersek iyi olur.

ZÜLFİKÂR Salak bu ya...

POYRAZ Hepsi manyak ya bunların!

TAŞKAFA Yalnız iyice sokuldun, dikkat et de bi temas olmasın.

MELTEM Sen bunlara öpüştüğümüzü mü söyledin?

POYRAZ Siz ne zaman öpüştünüz ya! Meltem in arabadan! Biz de kurda kuzu teslim etmişiz meğer.

İSMAİL KARAYEL Lan terbiyesiz! Bu kızı sahipsiz mi sandın!

MELTEM Ya ne öpüşmesi! Geldi dayandı kapıma sarhoş halde!

ZÜLFİKÂR Öpme yok babam! Yanlışlıkla temas oldu! O kadar! Aha yüzü burda!

SEFER Lan siz de seviyonuz birbirinizi tıraş yapmayın!

ZÜLFİKÂR Ya yok sevme yok. Temastı o...

MELTEM Ya uzatmayın hadi! Senin de ağzında bakla ıslanmıyomuş ha...

ZÜLFİKÂR Ya öpme yok dedim. İnandıramıyom ki...

POYRAZ Sefer sür abi. Gözünü seveyim sür. Aç klimayı da aç.

SONGÜL	Bakıyorum keyfin yerinde... Dışarı mı çıkıyorsun?
SADREDDİN	Ne yapayım burda, senin suratına mı katlanayım?
SONGÜL	Benden nefret ediyorsun di mi?
SADREDDİN	Yok canım nerden çıkardın? Artık akışına bıraktım. Umurumda değilsin.
SONGÜL	Kalbimi kırıyorsun.
SADREDDİN	Elimden sökmek gelse... O kalbini yani... Zevkle yapardım.

Bu dünyada üç türlü insan vardır. Cahiller,
aptallar ve akıllılar. Cahiller her şeyi bilir.
Aptallar her şeye inanır.
Akıllılar her şeyden şüphe eder...

BAHRİ

Ben konuştukça değil yaşadıkça batıyorum!
Bat Poyraz bat... Beter ol.

POYRAZ

Bizimkisi zaten hayat değil
400 metre engelli koşu!

AYŞEGÜL

Aşk zaafların en büyüğüdür Poyraz.
En büyük hataları o yaptırır.

ADİL TOPAL

Aga be... Bu âlemde beni bi sen anladın.
Sen de yanlış anladın.

SEFER

SİNAN Aşk işleri de amma zor di mi?

POYRAZ Aşk kolay oğlum, kadınlar zor. Keşke kendime âşık olabilsem ya... Bence iyi anlaşırız. Hem kendimi de üzmem. Üzerime de gelmem. Hep anlayış gösteririm kendime... Kızarım filan ama sonra uzatmam, affederim. Beni en iyi ben anlarım Sinan. Hem bir Moğol atasözü ne diyor: Poyraz'ın Poyraz'dan başka dostu yoktur.

İSA Poyraz Abi sen hiç âşık oldun mu?

POYRAZ Hayır ama bir kere omzumdan vuruldum.

İSA İyi de ne alaka şimdi?..

POYRAZ İkisi de çok acı veriyor.

ABLA Güzel abilerim almaz mısınız bi gül?

SEFER Alalım da kime vericez be abla?

ABLA Güzel abim, önümüz sevgililer günü. Al sen. Verirsin birine.

SEFER Ver hadi be...

ZÜLFİKÂR Küresel sermaye.

SEFER Ney?

ZÜLFİKÂR Sevgililer gününün ardındaki tezgâh. Küresel sermaye. Ayrıca aldığın her gül için bir kutup ayısı ölüyor biliyor musun?

ABLA Yok abi, bizde ayı filan yok, bıraktık o işleri.

SEFER	Ya sen bırak bunu. Ver sen çiçeği ver.
ZÜLFİKÂR	Az önce bi kutup ayısı öldürdün.
SEFER	Birader nasıl yaptım acaba bunu?
ZÜLFİKÂR	Sevgililer günü denen pespayelik var ya. Hani bizi birtakım hediyeler almaya mecbur ettikleri. İşte bu gül de onlardan biri.
SEFER	Eee ne olmuş?
ZÜLFİKÂR	Bu güller seralarda yetiştiriliyor. Seralarda da bin türlü gaz var. Bu gazlar atmosfere çıkıp ozon tabasını inceltiyor, anladın mı?
SEFER	İnceltsin sana ne!
ZÜLFİKÂR	İşte o incelme küresel ısınmaya sebep oluyor. O da kutupları eritiyor. Sular yükseliyor. Sonuç?
SEFER	Ne bileyim oğlum ben!
ZÜLFİKÂR	Foklar yuva yapacak sahil bulamıyor. Sayıları azalıyor. Bu da kutup ayılarını etkiliyor. Çünkü onlar da foklarla besleniyor.
SEFER	Fok yenir mi ya? Fok dediğin hayvan ne kadar sevimli.
ZÜLFİKÂR	Meseleye böyle bakmanı tebrik ediyorum.
SEFER	Bırak sen şimdi ayıyı foku. Gel bi çorba içelim şurda, içim ezildi.
ZÜLFİKÂR	Hiç anlamıyo bu adam beni ya...

Kılıç kınından çıkmadan it sürüsü dağılmaz.

BAHRİ

Böyle balmumundan kayığa binmişiz güneşe doğru gidiyoruz. Al işte... Bizim hayatımız bu. Mutlu olmaya yaklaştıkça eriyoruz anasını satayım...

ZÜLFİKÂR

Hevesimi kırdılar. Küçükken de kırılmıştı bi kere. Sonra kırık çıkıkçıya götürdüler, bir türlü düzelmedi. Hevesim yanlış kaynadı Albayım. Hep yanlış şeylere heves ettim.

POYRAZ

Delikanlı bir insanız kardeşim... Tamam, var bir iki vukuatımız. Tamam, silahlı vurdulu kırdılı, artı on sekiz bi hayatımız var. Ona da tamam. Ulan sen de prenses değilsin ki... Aynı yolun yolcusuyuz. Havan kime?

SEFER

Ben kendi hayatımdan çıktım!
Sen benim hayatımdan çıkmadın!

AYŞEGÜL

SEFER Dünyada sana gelecek ne kadar hastalık mastalık varsa hepsi bana gelsin diye dua ettim dün gece.

SEMA Hastalık filan demeyelim nolur.

SEFER Can sıkıntısı bile olmasın kız. Hani derler ya cana gelen mala gelsin. İşte o hesap. Sana gelen bana gelsin.

POYRAZ Ben ne zaman yalan söyledim?

SİNAN Her zaman.

POYRAZ Masallar Albayım... Dünyada mutlu sonla biten tek şey onlar.

CEVHER ALBAY Evladım sık dişini. Senin hikâyen de mutlu bitecek, bak göreceksin.

POYRAZ Benim hikâyemde mutlu son yok Albayım. Kendini alıştırsan iyi olur.

CEVHER ALBAY Evladım konuşma böyle...

POYRAZ Nefes aldığım her an sanki daha büyük bir felakete sürükleniyormuşum gibi hissediyorum. Sence bu normal mi Albayım?

CEVHER ALBAY Geçer evladım. Bu da geçer.

POYRAZ Yaşamak bi ağrı gibi... Girdi çıkmıyor bedenime. Sana birtakım serzenişlerden bahsetmiyorum Albayım. İnsan çekeceği acıya âşık olurmuş. Ben de diyorum nerde yanlış yaptım.

CEVHER ALBAY Acılar mutluluğun sadakasıdır Poyraz.

POYRAZ Yok Albayım, yok... Hep yüzümün gülmesine kandılar. "Bu çocuğa bir şey olmaz" dediler. "Bunu da atlatır" dediler. "Bu da geçer" dediler. Herkes bildi Poyraz Karayel'i, kimse tanımadı.

CEVHER ALBAY Bana müsaade evladım. Ben kalkayım.

POYRAZ Kalk Albayım, kalk. Üzerine gözyaşlarım sıçramasın. Resmi üniforman kirlenir, hakkında disiplin cezası verirler.

Bir kalbiniz vardı,
onu hatırlayın!

SEMA Beni gerçekten vurur muydun?

SEFER Sana dürüst olayım mı? Babanın hayatıyla başka birinin hayatı arasında bir seçim yapmak demek... Benim için seçim yok demektir.

SEMA Vururdun yani.

SEFER Ama sonra çok ağlardım...

❖

ECZACI Bi şeyiniz mi var?

POYRAZ Ayşegülüm yok.

ECZACI Sevgiliniz mi?

POYRAZ Cık. Her şeyim.

❖

POYRAZ Ayşegül bu adamı bir daha senin yanında görmiyicem.

AYŞEGÜL Ben de seni bi daha benim yanımda görmiyicem. Güle güle!..

ZÜLFİKÂR Nasıl hissediyorum biliyon mu? Sanki kuşum ama bi kanadım kırık... Öyle debeleniyorum yerde... Balığım ama yüzgecimi koparmışlar... Nefes alıyorum ama... Hava değil de zehir soluyorum sanki... Hani ölsem hissetmem yani... Hayat hiç bu kadar anlamsız gelmemişti be dedem. Hiç kendimi bu kadar yarım bu kadar boşlukta hissetmemiştim...

MELTEM Anlıyorum da başkan... Bu da geçer yani...

ZÜLFİKÂR Beni korkutan da o be dedem. Ya geçerse? Ya unutursam ben Sefer'i. Bir an olur da unutursam... Allah benim belamı vermez mi?

MELTEM Vermez be başkan... Hayat böyle bir şey işte. Ölenle ölünmüyor.

HÂKİM Maktul bu mu?

POYRAZ Maktul diyo ya...

AVUKAT Maktul değil Hâkim Bey. Yaralı. Kendisinin beyin ölümü gerçekleşmedi henüz.

HÂKİM Evladım senin suçun ne?

POYRAZ Suçum sevmek Hâkim Bey.

SAVCI İtiraz ediyorum, çok arabesk!

HÂKİM Kabul edildi.

AVUKAT Efendim, müvekkilim Bahri Umman'ın hayatını kurtarmak adına can siparane bir şekilde kendisini kurşunların önüne atmış... Akabinde göğsünden vurulmak suretiyle yaralanmış ve kendisi şu an ölümle cebelleşmektedir.

POYRAZ Hâkim Bey ben ölemem. Ölmemem lazım. Hayır, ölsem elinize ne geçecek? Tabakta kalan son pirinç tanesi gibi ağlamazlar bile arkamdan. Kimsem yoktur, sevenim azdır.

SAVCI İtiraz ediyorum, duygu sömürüsü yapıyor!

HÂKİM Kabul edildi... Hiç mi sevenin yok?

POYRAZ 8 yaşında dünya tatlısı bir oğlum var, ellerinizden öper. Sevdiğim kadın da dünya güzeli. Hayatımda sadece bu ikisi var.

HÂKİM O kadar mı? Oğlum sen bu hale nasıl geldin?

POYRAZ Bana yaşamasını öğretmediler Hâkim Bey. Daha doğrusu, bana öğrenilerek yaşanacağını öğrettiler. Yaşanırken öğrenileceğini öğretmediler. Ben de razı oldum bana öğretilen bu yanlışlara. İnsan kendi bulurmuş doğru yolu. Ben bulamadım.

HÂKİM Devam et...

POYRAZ Normal bir insan olmaya zorladılar, bana boş yere vakit kaybettirdiler. Olmayınca da anormal dediler.

SAVCI İtiraz ediyorum, kitaptan kopya çekiyor!

HÂKİM Gereği düşünüldü. Sanık Ahmet Poyraz Karayel'in aşırı sevgi eksikliği yüzünden travmatik bir çocukluk geçirmesi göz önüne alındığından sanıktan kurşunun çıkarılmasına ve hayati tehlikeyi atlatmasına...

POYRAZ Oh be, bundan da yırttık! Sağolun Hâkim Bey! Söz veriyorum, pişman olmayacaksınız!

Düşmana herkes kıyar.
Zor olan dostuna kıymak.

BAHRİ

SENİ İLGİLENDİREN HERŞEY BENİ DE İLGİLENDİRİR.
SEVMEK BÖYLE BİRŞEY...

SEFER

Kalbim hâlâ çok sıcak. Fazla uzaklaşmış olamaz.

POYRAZ

Usta sen anlamıyorsun. Zaten bu imkânsızlığa aşk deniyor.
O imkânsızlık aradan çıkınca onun adı da ilişki oluyor.
İlişki de dünyanın en sevimsiz şeyi.

ZÜLFİKÂR

Albay Amca bile eve kız atıyo yaa... Bat Sinan, bat...

SİNAN

Birini savaşta öldürürsün madalya takarlar.
Sokakta öldürürsün hapse atarlar.

DESPİNA

POYRAZ Kaybediyoruz Albayım... Büyüyü kaybediyoruz.

CEVHER ALBAY Çok değiştin be evladım.

POYRAZ Sen sıkılmadın mı benden Albayım? Ben çok sıkıldım kendimden. Gel kuş vuralım istersen...

CEVHER ALBAY Toparla kendini evladım...

POYRAZ Ben hep insanların beni görmek istediği gibi yaşamak zorunda mıyım? Ben de hatalar yapmak... öfkelenmek... kalpler kırmak istiyorum. Bana yakıştırmıyorlar Albayım...

CEVHER ALBAY Yakışmıyor evladım. Biz Birinci Poyraz'ı sevdik galiba.

POYRAZ Bunlar postmodern yalanlar Albayım... Hepsi benim işte.

CEVHER ALBAY Bak şu Ayşegül'ü üzme bari.

POYRAZ Hep beni üzsünler, ben kimseyi üzmeyeyim, di mi Albayım?

CEVHER ALBAY Evet, evladım. Sen üzülmek için yaratıldın, üzmek için değil.

POYRAZ Sen de yalansın Albayım...

ZÜLFİKÂR	Neye gülüyon lan?
TAŞKAFA	Ya biri Twitter'da çok komik bir şey paylaşmış. Baksana.
ZÜLFİKÂR	Çek lan şunu! Hem senin Twitır hesabın mı var?
SEFER	Twitır ney lan?
ZÜLFİKÂR	Emperyalist küresel sermayenin yeni oyuncağı!
TAŞKAFA	Yuh ne alakası var oğlum. Gayet özgür bir platform burası! Yazıyosun paylaşıyorsun, karışan yok eden yok. Gelecek burda hacı!
ZÜLFİKÂR	Geleceğinize tüküreyim sizin!
SEFER	Twitır ney oğlum, adam gibi anlatsana!
ZÜLFİKÂR	İnsanları 140 karakterlik sanal bir dünyaya hapseden dünyanın en çakal fikri aga. Bu küreselciler var ya. En büyük vaadi ne bunların biliyor musun? Özgürlük! İs-

tediğimizi yazıyoruz diye kendimizi özgür zannediyoruz! Biz bu kadar salağız işte!

TAŞKAFA İstediğini yazmanın nesi salaklık abi!

ZÜLFİKÂR Ya adam oturmuş, ayaklarını uzatmış, sıcacık mis gibi. Sonra bi bakıyorsun kadına şiddeti protesto ediyor. Bi bakıyorsun Gazze'de yaşananları protesto ediyor! Yesinler be sizin protest tavrınızı!

SEFER Haksızlık görünce protesto etmesin mi adam?

ZÜLFİKÂR Sanal aga, sanal. San Fransiskolu bir şirket telefon çıkarıyor. San Fransiskolu başka bir şirket aplikasyon yapıyor. Bizim gerizekâlılar da onlara milyarlarca dolar para kazandırıp bi yandan da ne kadar özgürüz biz eki eki eki diye hava atıyor. Sanalsın lan sen! Her yerin özgürlük olsa, muhalif olsa ne yazar! Top gibi oynuyorlar senle, haberin yok!

SEFER Sevdalar bile sanal oldu be. Don değiştirir gibi sevgili değiştiriyor millet! Taşkafa, Zülfo haklı aga. Kusura bakma.

ZÜLFİKÂR Haklıyım tabii. Ayrıca bir de şu var. Dünyada her sene satılan kitap sayısı yüzde on iki azalıyor. Üç nesil sonra Dostoyesvki'yi, Tanpınar'ı hiç duymamış hayatı Twitter'dan dizi takip etmek olan gençler sokakları dolduracak. Canlı bombalar bile daha az tehlikeli.

TAŞKAFA Hacı be... gülelim dedik ağzımıza sıçtın! Pişman ettin lan! Allah belasını versin! Çıkıyorum bu Twitter'dan! Küresel sermayenin uşağı olmıyıcam agaa!..

Vurulunca hayatım film şeridi gibi gözümün önünden geçti...
Gördüğüm en iyi felaket filmiydi...

POYRAZ

Oohhh işte bu bee. Belgrad Ormanı'nda 47 kilometre koşsan ciğerlerin böyle olmaz Ayşegül. Senin kokun yemin ediyorum, her türlü kalp hastalığına birebir. Her sabah iki doz çeksem hiç yaşlanmam.

POYRAZ

Dede dediğin Hulusi Kentmen gibi olur normalde, bizim şansımıza Erol Taş denk gelmiş anasını satayım.

POYRAZ

Dünya böyle bir yer. Kötüler savaşıyor, masumlar ölüyor. Kıyamete kadar böyle gidecek...

POYRAZ

N'apıcan İngiltere'de ya? Yaz kış gökyüzü gri. İnsanlar bi soğuk. Sürekli yağmur. Güneş o kadar az çıkıyor ki görünce şaşırıp tapınan var ya.

POYRAZ

Beni korkutan yokluğun değil. Yokluğuna alışmak...

POYRAZ

İSA Şşş bana bak Pelin işi ne oldu?

SİNAN Abi ayrıldım ben Pelin'den.

İSA Nasıl ya?

SİNAN Baya işte.

İSA Oğlum siz hiç birleşmediniz ki... Gören de nişanı attın sanır. Havaya bak...

SİNAN Ne yani ayrılamam mı?

İSA Dünyada platonik olarak âşık olup ayrılan ilk adam sensin herhalde. Kızın haberi yok tabii...

SİNAN Abi seviyoruz olmuyor, ayrılıyoruz olmuyor. Nasıl iş bu ya?

ZÜLFİKÂR Ya dedem git başka bir şey giy gözünü seveyim. Anadolulu bi insanız neticede.

MELTEM Kardeşim sen Anadolulusun biz sanki Honolululuyuz!

❖

SEFER Kızım bu çocuğu Allah gönderdi bize.

ANIL Yok Sefer Abi, bagajda geldim ya.

SEFER Oğlum Allah istedigi gibi gönderir sana ne. İster leylek getirir, ister bagajda gönderir. Onun işine akıl sır ermez.

❖

ZÜLFİKÂR Lan şarjör almamışım yanıma! Fazla şarjörü olan var mı?

TAŞKAFA İnce uçlu mu birader?

SEFER Şu espriyi adamlara yapsan en az iki kişiyi öldürürdün haaa!

AYŞEGÜL Artık yeni bir hayatım var... Yeni umutlar... Yeni düşler... Yepyeni bir yalnızlık... Herkesten ve her şeyden uzakta... Kafamda tek bir soruya cevap arıyorum. İnsan ne arar bu hayatta?

POYRAZ Biraz sevgi belki... Her insan biraz sevgiyi hak eder...

BAHRİ Herkesin cevabı farklıdır... Tertemiz bir vicdan... Affedilmek belki.. Bağışlanmak...

SADREDDİN Çocuktum, gözlerimle gördüm. Dünyada sevgi diye bir şey yok.

ZÜLFİKÂR Bi yerlerde var biliyorum. Yemyeşil çayırların eteklerinde belki... Deniz kokusunda... Şiirlerin gizli yerlerinde...

TAŞKAFA Aga be... Dünya boktan bi yer. Bence hiç tartışmayalım. Burda bir şey aranmaz...

SEMA İnsan hayatta ne arar? Belki de doğru soru hayatın bizde ne aradığıdır?

SEFER İnsanın ne aradığı belli usta. Aşktır bu hayatın amacı. Başı sonu aşk işte. Neyi kaşıyonuz?

SONGÜL Beni seven bi kocam olsun istedim. Bi aile olalım istedim. Aradığım tek şey buydu... Fazlası değil.

BEGÜM İnsan neyi mi arar? Tabii ki sevilmeyi! Sevilmek sevmekten kıymetlidir.

SİNAN Beni çok seviyolar ama yine de mutsuzum... Hepsi saçma...

İSA Poyraz Abi olsa güzel bi cevap bulurdu şimdi...

ÜMRAN Valla bizim öyle şeyleri düşünmeye pek vaktimiz olmuyor. Ev işleri malum...

ALBAY Ben bu konuda Genelkurmay'a bi yazı yazmıştım. Ama hâlâ cevap gelmedi...

POYRAZ Tamam, size bi hikaye anlatayım... Adamın biri atıyla giderken dervişin birine rastlamış. Derviş bir şeyler aranıyormuş. Atlı sormuş. "Hayırdır ne arıyorsun?" "Anahtarımı" demiş? Adam bu sefer "Nerde düşürdün?" demiş. "Samanlıkta" diye cevap vermiş derviş. "Samanlıkta düşürdüysen neden samanlıkta aramıyorsun?" diye sorunca derviş tekrar cevap vermiş... "Çünkü orası çok karanlık." "Neyi aradığımız mı önemli? Nerde aradığımız mı?" Belki ne aradığımızdan çok nerde aradığımızdır sorun.

BEGÜM Poyraz n'olur. Çıkar şu Ayşegül'ü artık kalbinden...

POYRAZ Ama bu kalp çıkar, Ayşegül bu kalpten çıkmaz.

TAŞKAFA Şşş ne diyicem, aşağıda feci dürümcü var. Gömer miyiz birer tane?

ZÜLFİKÂR Sendeki mide değil, başka bi şey! Bir hafta diyet yapsan Afrika'da aç insan kalmaz yeminle.

POYRAZ	Seni hiç korktun mu Albayım? Ben korktum, çok ağladım...
CEVHER ALBAY	Korkacak bir şey yok evladım...
POYRAZ	Korkacak çok şey var Albayım... En çok da kendimden korkuyorum. İçimde biri var Albayım, yavaş yavaş beni ele geçiriyor... Bir savaşın içindeyim gibi...
CEVHER ALBAY	Aman evladım, salma kendini...
POYRAZ	Ayşegül var Albayım... Bırakmıyor beni... O da olmasa şimdi çoktan belki kömür kokan bir mahallede... sarı sokak lambalarının aydınlattığı dar bi sokakta... kesin karlı bir kış gecesi cesedimi bulurdunuz... Görenler tanımazdı... Tanıyanlar ilgilenmezdi... Saatlerce kalırdım orda...
CEVHER ALBAY	Evladım konuşma öyle...
POYRAZ	Gidiyorum ben Albayım... Sonu bilinmez bir karanlığa doğru gidiyorum. Sonra bekliyorum... Korkuyu bekliyorum Albayım... Korkuyu bekliyorum...

İnsan kulağı iki şeyi duyamaz Bahri Umman. Çok yüksek sesleri. Mesela dünyanın dönerken çıkardığı korkunç gürültüyü. Bir de çok düşük sesleri. Mesela bir karıncanın ayak sesleri. Göz de öyledir. Bir mikrobu göremezsin, çok küçüktür. Ya da kâinatı göremezsin, çok büyüktür. Sen beni neden göremedin peki?

ADİL TOPAL

ZÜLFİKÂR Sema'yı da arasaydık. Gelirdi belki.

SEFER Ben düşündüm aga. O iş yaş.

ZÜLFİKÂR O nerden çıktı?

SEFER Aga şimdi sağ kanattan deplase olmuşsun. Defansın arkasına sarkmışsın. Yan hakeme bakıyorsun, ofsayt yok. Kaleye doğru gidiyorsun. N'aparsın? Bakarsın pas geliyor mu diye...

ZÜLFİKÂR Gelmez agaaa...

SEFER Gelmiyor, anasını satayım. Bir koş, iki koş. Bu da ciğer yani.

TAŞKAFA Sen de haklısın.

❖

POYRAZ Hiç sana kızınca çok güzel olduğunu söyleyen oldu mu?

AYŞEGÜL Hayır.

POYRAZ Sadece gülünce güzel oluyorsun zaten.

SİNAN Bu cennet güzel bir yer di mi? He baba?

POYRAZ Tabii oğlum, şahane bi yer. Bi yer düşün sabah menemen yiyorsun, akşam pizza.

SİNAN Oooh tam benlik ha... Baba anlatsana sahiden nasıl bir yer ya?

POYRAZ Anlatalım. Sonsuz huzur ve sevgi ortamının olduğu cennetimiz dört tarafından cehennemle çevrili olup...

AYŞEGÜL Karıştırma onu şimdi...

POYRAZ Bütün âşıkların kavuştuğu bir yer düşünelim. Bütün sevdiklerimiz orda! Ayrılık tedavülden kalkmış mesela! Üzüntü yok, keder yok! Hep mutluluk var! Düşünsene Sinan! Almanlar yeniliyor, ama sen yenilmiş sayılmıyorsun! Enflasyon artıyor, paran değer kazanıyor! Bütün derslerden kalıyorsun, ama takdir veriyorlar! On bin tane Pelin var Allahım! Hepsi "Sinan n'olur beni sev" diye ağlıyor! Yiyosun içiyorsun, ama kilo almıyorsun. Bütün kadınlar Adriana Lima gibi güzel... Bütün erkekler benim gibi yakışıklı! Ben bile kafayı yerim ya!

AYŞEGÜL Bi dakka bi dakka... Adriana Lima nerden çıktı?

POYRAZ Cennet kardeşim bu. Teşbih. Çocuk anlasın diye yani...

SİNAN Nasıl giriyoruz peki buraya? Sen de gircen di mi?

POYRAZ Benimki biraz zor be Sinan... Ben bi arkadaşa bakıp çıkıcam ayağı yaparsam belki alırlar... Araya bi tanıdık filan sokmam lazım...

AYŞEGÜL Korkma korkma... Baban da girecek. Ne yapar eder bulur bi yolunu...

POYRAZ Nefret ediyorum. Dünyanın dönüp durmasından nefret ediyorum. Güneşin her sabah doğmasından ve her akşam batmasından da nefret ediyorum. Kalbimin benim isteğim dışında atmasından nefret ediyorum. İster istemez nefes alıp vermekten... Aslında ne kadar zavallı, ne kadar âciziz. Kalbimiz bile bize rağmen atıyor. İstesen durduramazsın. Âşık olduğun kadını bile seçemiyorsun. Sadece âşık oluyorsun. Oysa bu senin seçimin değil. Kendimi bazen bi kukla gibi hissediyorum. İplerim kimin elinde belli değil... Allah kahretsin... Her şeyden nefret etmekten nefret ediyorum.

AYŞEGÜL Ah Poyraz... Ben de seni seviyorum...

Sana duygularla bakıyorum

BAHRİ	Allah bize bi can vermiş. Başına da bi de bekçi dikmiş. Adını da Poyraz koymuş.
POYRAZ	Estağfirullah.

AYŞEGÜL	Nasılsın?
POYRAZ	Bok gibi...
AYŞEGÜL	Neden?
POYRAZ	Çünkü bok gibi bi hayatım var.

ZÜLFİKÂR Kredi kartlarını düşündünüz mü hiç?

SEFER He amk. Sabah akşam kredi kartlarını düşünüyorum.

ZÜLFİKÂR Küresel sermayenin en büyük silahı bu işte. Hepimize hiç var olmayan bir parayı harcatıyorlar. Sonra biz n'apıyoruz? Olmayan parayı harcadığımız için eşşek gibi çalışıyoruz. Emeğimizi peşinen sömürüyorlar. Dahası ne biliyor musunuz?

TAŞKAFA Ne abi?

ZÜLFİKÂR Nerde ne zaman ne harcadın... ne kadar harcadın? Hepimizi takip ediyorlar. Bu sayede n'apıyorlar? Hepimizi fişliyorlar. Tüketim alışkanlıklarımızı çözüyorlar. Bu neye yarıyor? Geleceği tasarlıyorlar. Bütün bu bilgiler Amerika'da bir merkezde toplanıyor! Ordan bizi tekrar dizayn ediyorlar.

SEFER Oğlum sabah sabah başımı beynimi yedin yine ya! Zaten canım sıkkın.

POYRAZ İsa bu ödevler hiç bitmeyecek mi? Şimdi ne yazıyordunuz?

İSA Bu sefer de aileyi anlatacakmışız. Aile nedir falan?

POYRAZ Albayım ne yazdırdı?

İSA Aile kurumu pek müstesna bi kurum olup behemehal her fert için gereklidir. Aile kurumu aynı zamanda sevgi, saygı ve muhabbet tomurcuklarının zuhur ettiği bir zemindir. Mamafih günümüzde bu çizgi Atatürk Türkiyesi'ne yakışmayacak şekilde tahribata uğramış amma velakin...

POYRAZ Yeter be oğlum. Albayım ödev değil kanun hükmünde kararname yazdırmış yine.

ALBAY E beğenmiyorsun sen buyur Poyraz Bey evladım. Sucuk kızarttım sana.

POYRAZ Eksik olma Albayım.

İSA Eee hadi söyle de yazalım Poyraz Abi.

POYRAZ Yaz bakalım. Anne baba çocuk ve televizyondan oluşan toplumun en küçük yapısına aile-i çekirdek ya da çekirdek aile denir.

ALBAY Bak şimdi oldu mu bu? Resmen dalga geçiyorsun. Ben zamanında Genelkurmay'a bir proje sunmuştum. Sayın genel sekreter de "Gösterdiğiniz hassasiyetten ötürü" diye başlayan bir teşekkür yazısı yollamıştı.

POYRAZ Ne projesiymiş Albayım bu?

ALBAY Türk Milli Aile Projesi.

POYRAZ Hayatımda senin kadar kafası karışık bir emekli albay tanımadım.

ALBAY Senle de laf yarıştırılmaz.

İSA Evet Poyraz Abi, devam edelim.

POYRAZ Türk tipi aile modelinde önem sırasına göre başrol babanındır. Sonra kaç yaşında olursa olsun erkek çocuk gelir. Sonra televizyon, beyaz eşyalar, mobilyalar, gardırop, portmanto, en son da anneler gelir.

ÜMRAN Doğru valla. Annelerin kıymetini bilen yok.

POYRAZ Kıymetli annelerimiz boş vakitlerinde cepheye mermi taşır, bulaşık yıkar, ütü yapar. Babalarımız hayal kırıklığı, sürekli bir "Ah ulan ben genç olacaktım" duygusu, at yarışı ve futbolla beslenirken annelerimiz daha ekonomiktir. Onlar sadece televizyondan yayılan radyasyonla beslenirler.

ALBAY Sen bizim aile yapımızla dalga geçiyorsun resmen Poyraz! Olmuyor ki!

POYRAZ Kim dalga geçiyor Albayım! Teessüf ederim. Burda hakikatler mevzu bahis. Nerde kaldık ya?

İSA Radyasyonda kaldık.

POYRAZ İşte yukarıda bahsi geçen bu sevgisiz ve soğuk ve sıkılgan yapıya Türk Tipi Aile denip başka bir coğrafyada eşi benzeri yoktur.

İSA Poyraz Abi bu ne biçim aile ya? Kimse kimseyi sevmiyor mu?

POYRAZ Seviyor da göstermeyi beceremiyor.

ZAFER Bakıyorum kodeste bile delikanlılığı elden bırakmıyorsun.

BAHRİ Bizim delikanlılığımız elimizde değil Zafer. Yüreğimizde. Onu da ordan senin gibi züppeler söküp alamaz.

POYRAZ Valla tekmeledi.

AYŞEGÜL Saçmalama ya! Daha bir santim çocuk.

POYRAZ Bir santimlik çocuk tekmeleyemez diye bi kural mı var?

AYŞEGÜL Tekme şeklinde doğacaksa yok.

Tamam beni sevme... Ama başkasını hiç sevme.
Nefret mi edeceksin! Benden nefret et! Ben senin
nefretine de razıyım! Öfkene de razıyım! Senden gelecek
her şeye razıyım! Yeter ki başkasını sevme!

POYRAZ

Biz sevdik ya. Kıymete bindi adam.

AYŞEGÜL

Ben zaten biliyordum bu işin bi yerde patlayacağını...
Nerden biliyodum, biliyon mu?
Gerçek olamayacak kadar güzeldi...

SEFER

Evlat sahibi olmak baba olduğun
anlamına gelmiyor...

BAHRİ

DÜŞMANI OLAN ÂŞIK OLMAYACAK.

ADİL TOPAL

Yenecek olsak Beşiktaş'ı tutmazdık zaten...
Onu da geçtim, bu dünyaya biz yenilmek için doğmuşuz...

ZÜLFİKÂR

SEMA Sen niye burdasın peki?

SEFER Ya geçen gün aramızda bi tatsızlık oldu ya. Ben biraz... Gergindik falan... Sesimi yükselttim. Onu şey yapacaktım... Böyle bi rot-balans ayarı babında...

SEMA Bu ne?

SEFER Ya çiçek alacaktım. Dedim iki gün sonra solar gider bi işe yaramaz. Hava da soğuk malum. Sıkmalık portakal falan aldım. C vitamini. Nezleye gribe filan işte...

SEMA Çok incesin.

SEFER Sağol. Tekrar kusura bakma.

SEMA Olsun. Arkadaşlar arasında olur öyle...

SEFER Arkadaş diyorsun yani... Tamam o zaman. Yarın şey yaparız. Görüşürüz...

SEMA İyi geceler. Portakallar için sağol.

POYRAZ Dün küçük bi kız gördüm yolda, saçlar aynı sen / Geldim eve şiir yazdım, sözler aynı sen... Beni seviyorsun di mi?

AYŞEGÜL Nefret etmediğim zamanlarda, evet.

POYRAZ Nefret aşkın kayınçosudur Ayşegül.

AYŞEGÜL Mümkünse bir daha hiç ayrılmayalım, olur mu?

POYRAZ Sen de benden asla nefret etme, olur mu?

AYŞEGÜL Ben senden nefret etsem bile sen beni sevmeye devam et, olur mu? Sen başka seviyorsun...

POYRAZ Nasıl yani?

AYŞEGÜL Bi hissin, duygunun çok ötesinde. Elle tutsan tutulur yani... Gözle görülür. Ne bileyim bi başka işte...

POYRAZ Sana dünyanın en güzel şiirini yazayım mı?

AYŞEGÜL Dinliyorum.

POYRAZ Seni seviyorum...

ZÜLFİKÂR Dayı be... Bu aşk meşk işleri niye bu kadar zor?

SEFER Ne bileyim ben aga. Kıymetli ya ondan herhalde. İtin kopuğun elinde rezil olmasın diye sana bana iteliyorlar.

❖

BAHRİ *O adamı öldürmediğimi nerden biliyorsun?*

DESPİNA *Adam arkasından boğulmuş. Sen birine arkasından sokulmazsın.*

❖

POYRAZ Şu tipin yarısını faize yatırsam şimdi milyarder olmuştum.

MELTEM Sen iyice kafayı yedin ya!

❖

BAHRİ Oğlum... Sen benim ilk gözağrımsın.

SADREDDİN Şimdi sadece başağrısıyım senin için.

❖

ADİL Tehlikeli sularda yüzüyorsun Poyraz.

POYRAZ Bi dahakine bisiklete binerim.

POYRAZ Kadınlar Albayım. Bazen çok kıskanıyorum onları.

CEVHER ALBAY Neden evladım?

POYRAZ Sevince tam seviyorlar. Nefret edince tam ediyorlar. Benim gibi değiller. Her şeyi birazcık yapmıyorlar. Biraz sevgili, biraz baba, biraz koca, biraz insan oldum Albayım. Dört çeyrek oldum, bi tam etmedim.

CEVHER ALBAY Olsun evladım, ben de kurmay albay olamadım.

POYRAZ Sen en azından komşu oldun. Ama bir şey biliyorum. Delirirsem tam deliricem.

POYRAZ Ağlamak Ayşegül... çaresizliğin metaforudur. Biliyor muydun?

AYŞEGÜL Biliyorum...

POYRAZ Bi insan bu kadar ağlatılır mı ya? Gazetelere manşet olucam diye korkuyorum! Poyraz Karayel gözyaşı yetersizliğinden ölen ilk insan olarak tıp tarihine geçti! Nasıl?

AYŞEGÜL Ama sen de çok güzel ağlıyorsun... Ben kadın halimle kıskanıyorum valla.

POYRAZ Ağlamak kız tavlamanın bir numaralı tekniğidir biliyorsun di mi?

AYŞEGÜL Bak bunu bilmiyordum işte... Ama beni öyle tavlamadın.

POYRAZ Nasıl tavladım?

AYŞEGÜL Hani böyle boks maçları vardır ya. Biri diğerini köşeye sıkıştırır. Nakavt edene kadar yumruklar.

POYRAZ Gözünü patlatır filan...

AYŞEGÜL Aynen öyle... Sağlı sollu kombine yumruklarla girdin hayatıma... Sonra serseme çevirdin. O kadar dağılmıştım ki ayrıldıktan sonra anladım sana âşık olduğumu!

POYRAZ Ben de amma sevimliyim di mi?

AYŞEGÜL Çook. Oyuncakçılarda satılan küçük bebeklerini yapsalar keşke...

POYRAZ N'apıcaz biz Ayşegül? Bunca delinin, bunca kötülüğün arasında n'apıcaz?

AYŞEGÜL Birbirimize tutunucaz... Ben düşücem, sen kaldıracaksın. Sen düşücen, ben kaldırıcam...

POYRAZ Sen düşersen kolay. Zaten hap kadarsın.

Ben sizin gibi aşağılık bi adam olmamak için direndim lan! Hayatım boyunca direndim! İstesem senin yüz katın olurdum! Kötülükten ordular kurardım lan kendime! Ama benim oğlum vardı! Beni hayata bağlayan bir şey vardı! Onu da alırsan ne kalır benden geriye! Ne kalır! Bi adam düşün! Sevdiği herkesi tek tek kaybediyor! Tutamıyor! Kendi de tutunamıyor! Kaybedecek bir şeyi kalmadı bu adamın! Bu adam seni niye öldürmesin lan! Bir tek şey söyle! Niye öldürmesin!

POYRAZ

BAHRİ	Sarmaşık hangi kelimeyle aynı kökten gelir bilir misiniz?
DESPİNA	Hayır.
BAHRİ	Aşk. İkisi de aynı kökten gelir. Arapçada sarıp sarmalamak manasına... Sonra bir olmak... İç içe geçmek...

MELTEM	Ya sana bir şey sorucam ama doğru söyleyeceksin?
ZÜLFİKÂR	Sor!
MELTEM	Kaşlar harbi orijinal mi?
ZÜLFİKÂR	Allah Allah! Taktı ya kaşlara!

POYRAZ Ayşegül. Ben seni ne kadar seversem seveyim hep eksik kalıcakmış gibi korkuyorum.

AYŞEGÜL Ne kadar seviyorsun beni?

POYRAZ Bu kadar!

AYŞEGÜL Ben sana çok hayran olduğumu söylemiş miydim?

POYRAZ Selfi çektirmem yalnız.

AYŞEGÜL Her zaman her şeyle dalga geçmeyi başarmana hayranım ya.

POYRAZ Delirme kalkanı bu Ayşegül. Dalga geçmiyorum. Deliliğe karşı koruyorum kendimi... Hayatı biraz ciddiye alsam çoktan delirmiştim... Benim çektiğim acılarla dört tane akıl hastanesi yaptırılırdı.

AYŞEGÜL Aman bi sus ya...

POYRAZ Bütün bunlar başımıza niye geliyor Ayşegül. Adam gibi deliremediğimizden! Halbuki bi delirsek hepimiz rahatlayacağız! Mesela ben 1997'de bi kere delirmiştim. Bilinçaltı bilinçüstüne bi geldi. Kontaklama yaptı biliyor musun?

AYŞEGÜL Damar damar üstüne bindi efsanesi gibi...

POYRAZ Hah aynen öyle. Yemin ediyorum üç ay ıspanaklı börek gibi gezdim.

AYŞEGÜL Niye delirdin ki?

POYRAZ O zaman ki Ayşegüller çok uyuzdu.

AYŞEGÜL Sen kadınlar yüzünden delirmezsin. Senin uzmanlığın onları delirtmek. Al Begüm mesela...

POYRAZ Meltem de öyle.

AYŞEGÜL Şaka maka hayatına giren bütün kadınları delirtmeyi başarmışsın? Sırrını bizimle paylaşmak ister misin?

POYRAZ En önemlisi kendin olmak. Doğal olmak Ayşegül.

AYŞEGÜL Sıra bana gelmese bari.

POYRAZ Ayşegül sen zaten delisin. Hem de en az benim kadar.

AYŞEGÜL Kim demiş onu?

POYRAZ Kaç kere demedin mi senin için deli oluyorum diye...

AYŞEGÜL Yoo...

POYRAZ Ayşegül sen çok bozdun hee...

POYRAZ	Yaa Albayım... Bu hayat böyle işte... Yürümeyi öğretiyorlar insana da kimse yolları öğretmiyor.
CEVHER ALBAY	Öğretmezler evladım. Sen bulucan doğru yolu.
POYRAZ	Bulamıyorum Albayım... Hangi yola girsem sonu bataklık, hangi sokağa girsem sonu çıkmaz, hangi hayatı yaşasam sonu hüsran.
CEVHER ALBAY	Hüzün aşkın fiyakasıdır evladım.
POYRAZ	Eyvallah Albayım.
CEVHER ALBAY	Çok mu ucunda duruyorsun acaba?

POYRAZ Durmam bile hata Albayım. Çoktan kaldırıma yapışmış olmam lazımdı benim.

CEVHER ALBAY N'apıyorsun burda?

POYRAZ Ölümü bekliyorum... Eğer ki bir şey olursa Ayşegül'e... Dayanamam atlarım. Atlayayım di mi Albayım?

CEVHER ALBAY Atlama evladım. Yükseklerden atlamak hiç iyi bir şey değil.

POYRAZ Vefat ve Başsağlığı... Dün gece saat 9 sularında Ayşegül'ünü kaybettikten hemen saniyeler sonra, aşırı doz vicdan ve pişmanlıktan yüksek bir bina çatısına çıkmak suretiyle değersiz bedenini aşağı atan Poyraz Karayel, kendini öldürmeyi de becerემეyip vücudundaki kırık çıkıklarla hastaneye kaldırılmış olsa da... hastaneler yoğunluk sebebiyle kendisini kabul etmemiş, götürüldüğü Adapazarlı meşhur kırık çıkıkçı Hilmi Ünver'in tüm çabalarına rağmen... Bu ne biçim hayat. Ölmeyi de beceremiyoruz Albayım...

Mecnun bir gün Leyla'ya gidiyormuş. Bi deveye binmiş. Biraz ilerlemişler, sonra deve başlamış ayak diretmeye... Dönmüş geri. Mecnun sormuş. "Hayırdır? Neden dönüyorsun?" "Burda evladım var" demiş deve. "Onu bırakamam." Mecnun inmiş deveden. Demiş ki; "Bende bu Leyla aşkı. Sen de bu evlat sevgisi... bizden yoldaş olmaz... Kusura bakma."

BAHRİ

SEFER	Lan Poyraz! Ulan ben de seni az daha vuruyordum haa...
POYRAZ	Gel abi, her zaman bekleriz. Yalnız şimdi Poyraz'ı vurma mevsimi değil. Bana çok güzel dayak atılır bu mevsimde.

❖

SİNAN	Ya bazen düşünüyorum da... Acaba diyorum... Mutlu olmak çok mu zor?
AYŞEGÜL	Çocuklara değil, sadece büyüklere...
SİNAN	Ben hiç büyümesem olur mu?
AYŞEGÜL	Sinancım, sen zaten 21 yaşında filansın... Çoktan büyüdün.

❖

BAHRİ	Mutlu olmak için çok yaşlıyız...
DESPİNA	Mutsuz olmak için de fazla genciz...

❖

AYŞEGÜL	Sen... Allahın belası... Sen yaptın di mi?
POYRAZ	Hanımefendi benimle gelmek zorundasınız. Hakkınızda Kırmızı Bülten çıkarılmış. Yani feci şekilde suçlusunuz. Ve çok tehlikelisiniz.
AYŞEGÜL	Allah cezanı versin! Bunu da mı yaptın!

POYRAZ	Diyelim ki... Bir restorandasınız ve herkesin önünde sana seni sevdiğini söyledi. Ne düşünürsün?
AYŞEGÜL	Budala.
POYRAZ	Eve girdin evin her yerinde çiçekler var? Rengârenk. Yüzlerce?
AYŞEGÜL	Sıradan.
POYRAZ	Önce sinemaya götürdü. Filmin en romantik anında elini tutup kulağına seni sevdiğini söyledi?
AYŞEGÜL	Liseli.
POYRAZ	Pekiii... Hiç beklemediğin bir anda tuttu öptü.
AYŞEGÜL	Hödük.
POYRAZ	Peki sabrı taştı. Ağzını burnunu kırdı. Tuttu saçından "Ya benimsin ya toprağın" dedi.
AYŞEGÜL	İşte hayalimdeki erkek.

İSA	Poyraz Abi tam zamanında geldin ha. Çok pis ödevim var.
SİNAN	Okullar açılmadı daha ne ödevi oğlum bu?
İSA	Yaz okulu. Orta Asya'dan nasıl geldik biz Poyraz Abi?
POYRAZ	Oğlum onu bilmiyicek ne var. Orta Asya - Malazgirt sarı dolmuşları var. Atlamışız gelmişiz.
CEVHER ALBAY	Ya bırak dalgayı. Adam gibi cevap ver çocuğa.
İSA	Poyraz Abi, siz kalkmadan şu ödeve dönsek diyorum.

ÜMRAN	Oğlum bi rahat bırak, bi yemek yesin ya Poyraz Abin.
CEVHER ALBAY	Orta Asya olayında en önemli şey, bu Göktürk Kitabeleri İsa'cım. Orda her şey yazıyor.
İSA	Ne yazıyo mesela?
POYRAZ	Aşk şiirleri yazıyor mesela... Bi örnek ister misin?
İSA	Valla mı?
POYRAZ	Ayıpsın. Yaz bakalım. Bu şiir. Orta Asyalı genç şair. Poyraztigin'e ait.
CEVHER ALBAY	Salla bakalım Poyraz Efendi.
POYRAZ	Tengriden diledim üç dileng / Urdu bengi kahpe feleng / İttürüng bize hep keleng / Yalgın örir dertli özüm. Yazıyon di mi?
İSA	Yazıyom abi.
POYRAZ	Yaz. Göktengriye yalparung / Yabız yablak aglarung / Ayşegül diye inilerüng / Yalgın örir dertli özüm.
İSA	Sahi Poyraz Abi ya, Ayşegül Abla'dan haber var mı?
POYRAZ	Yok İsa. Ayşegüllerden haber yok. Poyrazlar bitap vaziyette.

SEMA	Yetimhane çok mu zordu?
SEFER	Yetimhane zor değil, yetimlik zor.
SEMA	N'apıyorsunuz orda?
SEFER	N'apıcaz? Salak salak hayaller kurarlardı. Bir gün bi aile gelicek işte. Çok zengin olacaklar. Evleri havuzları olacak filan. Alacaklar büyütecekler. Kolejlerde okuyacaksın filan...
SEMA	Gerçekten mi?
SEFER	Saatlerce oturup bunu konuşuyorduk. Herkes hayalindeki aileyi anlatıp duruyordu.
SEMA	Senin hayalinde nasıl bi aile vardı?
SEFER	Ben hiç hayal kurmadım ki...
SEMA	Niye?
SEFER	Çünkü ben hiç çocuk olmadım. Ya da hayallere inanmadım. Ben galiba böyle sakallarla filan doğdum ya!

SONGÜL Özledin mi beni?

SADREDDİN Ben seni özlediğim zaman belgesel izliyorum.

SONGÜL Ne belgeseli?

SADREDDİN Katil balinalar.

SEFER Ulan kalbimizi söküp aldılar, düştün parmak derdine.

ZÜLFİKÂR Kardeşin gerekirse onu da takar yerine sen merak etme.

POYRAZ Konumuz nedir?

İSA Ya çok kazık. Bizim öğretmen tiyatroyu çok seviyor. Hep beraber oyun yazacakmışız. Herkes evde bi deneme yazsın dedi.

CEVHER ALBAY Aslında bizimki de güzel oldu ama...

POYRAZ Oku bakayım.

İSA Gece. Karargâh Çadırı. Miralay Cevher kararlı bakışlarla ufuktaki İngiliz zırhlılarına bakıp...

POYRAZ Oğlum bu izlenmez.

CEVHER ALBAY Nedenmiş o?

POYRAZ Bunda aşk yok.

CEVHER ALBAY Vatan millet aşkı var. Aşkların en kutsalı be!

İSA Sen söyle o zaman. Aşklı filan olsun.

POYRAZ Tamam, yazıyoruz. Kapuletgillerden Julide ve Montekoğullarından Ramazan'ın hazin öyküsüdür anlatacağımız.

SİNAN Sahnemizi açtığımız şu güzel Verona'da. Soylulukla denk iki aile.

İSA Eski bir düşmanlıktan gelen yeni bir kavgada. Yurttaş kanı yurttaş elini lekeler burada.

AYŞEGÜL Nasıl geldin buraya söyle. Hem niye? / Bahçenin duvarları yüksek. Zor aşılması / Kim olduğunu düşün bir de / Mezar olur bu yer bizden biri görürse.

POYRAZ	Aşkın hafif kanatlarıyla aştım bu duvarları / Durduramaz sevgiyi çünkü taştan sınırlar / Hem aşkın isteyip de başaramadığı ne var! / Engel olamaz bu yüzden akrabalar.
ÜMRAN	Ama bu çok romantik...
CEVHER ALBAY	Oğlum bu ne biçim oyun? Ne dedikleri anlaşılıyor ne bi şey!
POYRAZ	Dur Albayım iki dakka.
ÜMRAN	Küçük hanıııım!
AYŞEGÜL	Hemen geliyorum. Ama kötüyse niyetin sana yalvarırım.
ÜMRAN	Küçük hanıım!
AYŞEGÜL	Şimdi dadı! Şimdi!.. Vazgeç bundan, baş başa bırak beni kederimle! Yarın birini yollarım.
POYRAZ	Ancak seninle yaşar ruhum!
AYŞEGÜL	Binlerce kez iyi geceler sana.
POYRAZ	Binlerce kez beter olsun gece senin ışığın yoksa...
İSA	Ya Poyraz Abi, bu da bildiğin Türk filmi
POYRAZ	İsa sussana sen! Oğlum sana da bin yıllık oyunu beğendiremiyoruz.
CEVHER ALBAY	Beğendiremezsin tabii. Ne güzel Çanakkale oyunu yazıyorduk. Bilmezsiniz ki bu vatan nasıl kuruldu. İşiniz gücünüz aşk meşk. Ben gidiyorum!

Dünya böyle bir yer Ayşegül.
Zayıflara yer yok. Bu kavga bunun kavgası.
Ya namlunun ucundasın ya da arkasında.

POYRAZ

Aşkı yücelten direnmek değil, teslim olmaktır.

POYRAZ

Bi insan sürekli yumruk yer mi ya...
Biri de demiyor ki, "Beyler vurmayın artık adam öldü." Yok!

POYRAZ

Âşık olmak böyle bir şey zaten. Gökten başına bela yağdığını düşün. Kaçacak saklanacak bir yerin yok.
Böyle bir şey işte.

POYRAZ

Hassiktir... Bu kadar saçma bi yerde uyandığıma göre... Hassiktiiir... Kesin öldüm ben ya... Hay Allah kahretsin! Kurşun deliği yok... Tamam, iyi güzel... Delik yok güzel. Kan da yok. O da iyi. Hassiktir... O aleti bastıklarında öldüm o zaman. Kalp krizi kesin kalp krizi! Kalp de atıyo... O da güzel. Kalp atıcak abi. Kalp önemli.

POYRAZ

MELTEM	Vaaay başkan? Bakıyorum mekâna ortakçı oldun iyice.
ZÜLFİKÂR	Az otur hele.
MELTEM	Hah söyle...
ZÜLFİKÂR	Hani insan bazen seçimler yapmak zorunda kalır ya... Bazen hani... Bir şey seçmek zorunda kalırsın...
MELTEM	En zoru da gönül işleridir ha...
ZÜLFİKÂR	Ama insan sorar yine de. Der yani içinden. Yanlış bir şey yapmayalım diye...

MELTEM Der başkan... Bana kalırsa insanın yaptığı bütün seçimler yanlıştır. Doğru diye bir şey yok başkan. İstesen de istemesen de kaderini yaşıyorsun işte...

ZÜLFİKÂR Ben hayatımda bir kere bi seçim yaptım. Ağzıma sıçıldı. İşkence gördük. Dayak yedik. Şimdi bu yanlış mı yani? Değil. Biliyordum sonumu... Ama seçtim işte...

MELTEM Aga lafı dolandırma... Sen git Çiğdem'e. Bir daha da görüşmeyiz. Ne olacak yeter ki sen mutlu ol. Huzurunuz kaçmasın. Yoksa hayatın boyunca aklın onda kalacak... Hep bi acaba ile yaşayacaksın. Tut kızı kolundan, seviyorum de. Sonra da sonsuza kadar mutlu olun. Bu mevzu da burda bitsin.

ZÜLFİKÂR Ya bu kötü bir seçimse?..

MELTEM Ya diğeri daha kötüyse?..

ZÜLFİKÂR Seçmeden bilemeyiz.

MELTEM Aynen.

POYRAZ Babalarıyla maça giden çocukları bilir misin sen! İlk manitasını yapan çocukları! Hemen babalarına koşarlar! Niye? Gurur meselesidir çünkü... "Bak baba ben adam oldum" demektir! Sen o gün beni sadece terk etmedin! Sen o gün benim hayatımın içine ettin! Gittin madem, gelmeseydin! Niye döndün ya!

İSMAİL KARAYEL Çok özledim ulan sizi... Kardeşini! Seni! Çok özledim!

POYRAZ Kaçmasaydın o zaman! İnsan bi merak etmez mi ya! Bu oğlanı bıraktık elin akrabanın evine! Senin yüzünden fazlalık bir eşya gibi yaşadık biz! Çamaşır sepeti bile daha değerliydi ya! Atmak istediler, atamadılar! Bakmak istediler, bakamadılar!

ZÜLFİKÂR Oğlum o nasıl sarılmaktı lan!... Aha gitti dağ gibi adam. Dünyadan Sefer'e! Cevap ver Sefer!

SEFER Benle diyorum... acaba diyorum... oyun mu oynuyor? Bi istemem yan cebimecilik mi? Yoksa diyorum, biraz daha naz yapayım peşimden koştursunculuk mu?

ZÜLFİKÂR Aga tamam, bozma ağırlığını. Bi tavrımız vardı. O tavrı mesafeyi koruyalım. Dağılma hemen.

SEFER Ne dağılması agaa! Şimdi benzin döksen çakmağı yaksan! Aha derim gül bahçesi burası!

ZÜLFİKÂR Bak dağılıyorsun aga! Dağılma!

POYRAZ N'oluyo oğlum yine?

İSA Ya ülkemiz geri kalmış hiç söylemiyorsun.

CEVHER ALBAY Öğretmenin verdiği ödeve bak. Türkiye'nin geri kalmasının nedenlerini yazınız.

İSA Az gelişmiş ülkelerdenmişiz biz. Ne demek bu ya?

POYRAZ Kim çıkartıyo kardeşim bu dedikoduları! Tamam, ülkemizin küçükken yeterince vitamin alamadığı doğru. En azından Batılı ülkeler kadar kalsiyum, C vitamini, protein alamadık. Ama o yıllarda kıtlık vardı. Ekmek karneyle, şeker pasaportlaydı.

CEVHER ALBAY	Bi kere Türk milleti asla geri kalmaz. Hep ileri gider!
ÜMRAN	Yaşa Albayım!
POYRAZ	Şimdi İsacım, bizim ülkemiz aslında çok hızlı ilerliyor. Batılı ülkeler arkaya bakıyolar, ülkemiz geri kaldı sanıyorlar. Halbuki biz adamlara tur bindiriyoruz haberleri yok.
İSA	Hadi ya!..
POYRAZ	Bu nevi dedikodulara kulak asmayınız.
CEVHER ALBAY	Biz Batılı ülkelerin cemaziyelevvelini de biliyoruz. Fransa sözümona demokrasi diye yırtınırken zavallı Cezayir'de oh oh oh ne haltlar yiyorlardı. Bütün dünyayı sömürüp bi de bize artislik yapıyolar.
POYRAZ	Bravo Albayım. Az gelişmişlik nasıl olurmuş İsa'ya bi güzel anlatın. Ben kaçtım. Kalın sağlıcakla.

Balık olsam
vapur çarpar

POYRAZ	Beni seviyor musun?... Ben seni çok seviyorum. Seni kimsenin üzmesine izin vermem.
AYŞEGÜL	Sen hariç.
POYRAZ	Evet, ben hariç. Benim sevgilimi benden başka kimse üzemez. Bu ülkede sevgili üzülecekse onu da en iyi biz yaparız.
AYŞEGÜL	Poyraz daha ne kadar üzmeyi planlıyorsun beni?

Oğlum, Sema öldü lan. Sema öldü oğlum... Sema diyorum... Ben ona portakal almıştım. Seviyorum dedim. Baba da dedi. "Git söyle" dedi... Gittim söyledim... Baktı yüzüme... "Kusura bakma, benim sende gönlüm yok" der gibi baktı... Tamam dedik, ona da eyvallah. Ama ölümden bahsetmemiştik hiç...

SEFER

Ya bu acı hissedemeyeceğim kadar büyük...
Ya da ben bu acının karşısında çok küçüğüm...

AYŞEGÜL

Zaten beni hep yanlış insanlar sevdi.
Ben de hep yanlış insanları...

POYRAZ

Bu karanlıktan adam mı çıkar la? Hangisi aldı Sefer'i?
Bu Deniz mi? Yoksa bu karanlık mı? Söyle dedem, hangisi?..

ZÜLFİKÂR

Ben Bahri Umman'ım.
Yaptığım hiçbir şeyden pişman olmadım.
Ama gurur da duymadım.

BAHRİ

ZÜLFİKÂR Ya tamam iyi söylüyorsun. Güzel söylüyorsun... Kızma ama Sema senin dengin değil abi.

SEFER Seviyorum aga.

ZÜLFİKÂR Ya tamam seviyorsun ama. Söyle bana o kız senin dengin mi?

SEFER Âşığım diyorum be Zülfikâr...

ZÜLFİKÂR Ya âşıksın tamam. Ama bi söyle bana. O kız senin dengin mi değil mi? Bunu söyle bana ya.

SEFER Ne eksiğimiz var oğlum bizim?

ZÜLFİKÂR Abi bi eksiğin yok. Onu mu diyoruz?

TAŞKAFA Zülfikâr haklı abi. Kız avukat. Üniversite okumuş. İtalyan restoranlarında yemek yiyor. Yarın öbür gün mazallah Çin restoranına götürse... O çubuklarla yemek yiyebilecek misin?

ZÜLFİKÂR Al! Cevap ver! Hadi! Yiyebilir misin o çubuklarla yemek! Yiyemezsin.

SEFER Manyak mısınız lan siz! Bu mu bütün mesele!

ZÜLFİKÂR Mesele şu ki... O kız senin dengin değil hacı.

Ayşegül. 97 gündür ayrıyız. Bir insanın günde 23 bin kez nefes aldığını düşünürsek senden ayrı 2 milyon küsur kez nefes almışım. Aldığım nefesler kalbime batıyor. Anlamıyorsun Ayşegül. Yokluğunda... Âşık olan yerlerim acıyor. Bu kadar acıyı biriktirseydim kendime Fikirtepe'den iki dönüm arsa alırdım Ayşegül. Sensizlik nasıl bir şey biliyor musun? Sanki bi uçaktayım... Uçak az sonra düşüyor. Herkes kurtuluyor, bi ben ölüyorum. Hayır, ölmüyorum, sakat kalıyorum. Öyle bir şey. Nerdesin be Ayşegül? Allah belamı versin çok özledim. Seni özleyen yerlerim acıyor.

POYRAZ

Korkuyorum. Bazen şu köşeyi dönünce birden karşıma çıkacak diye... Bazen eve girdiğimde ışıkları açınca alaycı gülümsemesini görücem diye... Belki kahvemi içerken karşıma oturacak ve gözyaşlarıyla af dileyecek diye korkuyorum... Ama en büyük korkum bu değil. Belki dayanamam... Gözlerinin içine bakınca unuturum her şeyi, belki affederim diye korkuyorum. Ayşegül sakın salma kendini. Süslü sözlere inanma. Söylediği yalanları düşün kalbin yumuşayınca... Nasıl kandırıldığını... Yeni bi hayatın var artık senin... Yeni sokakların... Yeni kapıların... Hatta belki... Belki yeni bir...

AYŞEGÜL

POYRAZ	Bi aşk kaç tane yalan kaldırır Albayım?
ALBAY	Evladım, sen sanki bohçayı doldurdun.
POYRAZ	Günahlar Albayım... Farkında mısın bilmiyorum. Babaların günahlarını evlatları çekiyor...
ALBAY	Maalesef evladım... Ülkemiz, çocuklarına iyi davranmıyor.
POYRAZ	Bu ne biçim ülkemiz Albayım. Bizimki de can.

❖

MELTEM	Patlatıcaz hastaneyi!
ZÜLFİKÂR	Efendiiiim? Şaka herhalde.
MELTEM	Öyle değil. Hırsızlık yapıcaz.
ZÜLFİKÂR	Ohhh. İçim çok rahat etti şimdi.
MELTEM	Giy şunu.
ZÜLFİKÂR	Doktor önlüğü bu.
MELTEM	Babacım sen de zekâ küpüsün ha.

❖

SEMA	Geçer Ayşegül, bu da geçer.
AYŞEGÜL	Bu da geçer diye diye ömrümü yediniz. Ömrüm geçti, bunlar geçmedi.

ZÜLFİKÂR Şuraya bak. Her taraf alışveriş merkezi. Ufacık yerde 20 tane var.

SEFER Ne var olum, ben seviyorum AVM'leri. İcabında arabanla giriyorsun. Alışverişini yap. Yemeğini ye. İcabında sporuna git. Hepsi bi arada, nesi kötü ki bunun?

ZÜLFİKÂR Yuh! Bunlar var ya hepimizi Allah'ın belası küresel sermayenin oyuncağı yapıyor. 80 milyon insan. Aynı yemeği yiyor. Aynı şeyleri giyiyor. Aynı filmleri izliyor.

SEFER Eee ne var bunda?

ZÜLFİKÂR Hepimizi tek tip insan haline getiriyorlar. Sana bi şey diyim mi, robotların hayatı bizimkinden daha renklidir. Küçük esnafa olanlar da ayrı...

POYRAZ	Söyle bakalım İsa. Büyük düşünür, şair, romancı, polis, tek çocuk babası, hayırsız evlat, kötü âşık, iyi komşu Poyraz Karayel hakkında ne bilmek istiyorsun?
İSA	Çocukluğundan başlayalım Poyraz Abi. Nasıl bir çocukluk geçirdin?
POYRAZ	Ben çocukluk geçirmedim İsa, çocukluğum bana geçirdi.
AYŞEGÜL	Düzgün cevap versene çocuğa.
POYRAZ	Yaz İsa. İstanbul'da doğdum. Masallardaki kadar mutluyduk. Ben, annem, babam ve kız kardeşim. Sonra annem ben sekiz yaşındayken öldü. Annem öldü, ben büyüdüm.

ÜMRAN Nur içinde yatsın.

POYRAZ Amin. Annem ölünce çok acı çektim haliyle. Hatta çok acı çekti bu çocuk deyip beni ilk mektepten orta mektebe aldılar. Sonrasını biliyorsunuz, babam benimle kardeşimi halamlara bırakıp terk etti.

İSA Nasıl terk etti?

POYRAZ Anlattık ya oğlum.

CEVHER ALBAY Benim de aklım almıyor. İnsan evladını nasıl bırakıp gider? Hiç mi sevmedi bu adam sizi?

POYRAZ Ya Albayım, sen sevmek ne kadar zor bir iş biliyor musun? Okullarda dersi var mı? Yok! İnsan fotosentezi öğreteceğine böyle şeyler öğretir. Nasıl ilan-ı aşk edilir üzerine bir kürsü var mı? Aşk ve Sevgi Meslek Yüksek Okulu niye yok mesela?.. Hadi hiçbirini yapmadın, bari bir kurs aç di mi? Yok ama... o da yok.

AYŞEGÜL Delirdi yine...

İSA Evet Poyraz Abi, sonrasını da anlat.

POYRAZ Sonrası basit. Bu andan itibaren başarısız bir hayatım oldu. Ve ben başarısızlık konusunda çizgimi asla bozmadım.

ÜMRAN Poyraz Bey demeyin öyle. Altın gibi kalbiniz var sizin. Ben biliyorum.

POYRAZ	Ümran Hanım ben altın gibi kalbim olsun istemiyorum. Kötü biri olayım ama mutlu olayım istiyorum. Tutunmak istiyorum. Bi uç yakalamak istiyorum.
AYŞEGÜL	Poyraz bu kadar yeter, istersen...
POYRAZ	Biraz sevgi istedim, çok şey mi istedim? Gayri safi milli sevgiden payıma düşeni istiyorum sadece! Benim hakkımı neden vermiyorlar Albayım! Anayasayı ihlal ediyorsunuz Albayım! Ne diyor Anayasamızda: "Poyraz'ı sevelim ama koparmayalım!"
AYŞEGÜL	Poyraz tamam yeter bu kadar.
POYRAZ	Söylesene Albayım! Ne biçim emekli albaysın sen! Hiç mi darbe yapmadın?
CEVHER ALBAY	Ben şimdi sana ne diyim yavrum!
POYRAZ	Buldum! Dernek kuruyoruz!
İSA	Ne derneği ya!
POYRAZ	Poyraz Karayel'i Sevme ve Yaşatma Derneği! Üyelerden aidat da alırız! Sonra paraları hep beraber yeriz. Ne dersiniz?
AYŞEGÜL	Hadi Poyraz, gidiyoruz! Hadi n'olur!
POYRAZ	Bir gün gelecek, bütün insanlığın önünde hesap vereceksiniz. Sizi ben affetsem tarih affetmeyecek! "Yapılır mı lan bu adama?" diyecekler! "Çok pişmanız" diyeceksiniz! Kimseyi inandıramayacaksınız!

Neler geçmedi ki

POYRAZ Ben seninle konuşurken bile seni düşünüyorum. Baş ağrısı gibisin Aysegül. Girdin mi çıkmıyorsun...

AYŞEGÜL Sen de baş belasısın. Girdin mi her şeyi mahvediyorsun.

POYRAZ Yetişkin bir Poyraz Karayel doğar, acı çeker, büyür, âşık olur. Sonra sürekli başını belaya sokar. Hiç belgesel izlemiyor musun sen?

AYŞEGÜL Alfa erkeğim benim...

SEFER Sen acı çekersen benin içim yanar. Ben çekersem senin. Verirsin el ele aşarsın bütün engelleri, acıları, ne varsa hepsini... O kadar. Ne diyor Liverpool marşı. Asla yalnız yürümeyeceksin... Ne oldu?

SEMA Ya sen ne güzel bi adamsın...

❖

TAŞKAFA Zülfo! Sen sağ beke geç. Ordaki çocuk zayıf. Ordan yürürüz biz.

ZÜLFİKÂR Aga ben prensip olarak sağda oynamam. Koy beni sol beke koy. Sol açığa koy oyniyim.

❖

SEFER Baba hayırdır?

BAHRİ Sır tutmayı bilir misin?

SEFER Eyvallah.

BAHRİ Ben de bilirim.

❖

ZÜLFİKÂR Günaydın Sema Yenge.

SEMA Yaaa. Bi de yenge muhabbeti başladı.

ZÜLFİKÂR Ne diyek? Bacanak mı diyek?

TAŞKAFA Ya bu arada köyde kime sorsan her ailede en az bi kanser vakası var. Çok acayip ya. Grip gibi yayılmış iyi mi?

ZÜLFİKÂR Herhalde oğlum. Küreselciler boş durmuyor ki?

TAŞKAFA Köy diyorum abi. Küreselle ne alakası var?

ZÜLFİKÂR Al işte cahil bi insan. Sen dünyada ilaç endüstrisi ne kadar biliyor musun?

TAŞKAFA Yoo.

ZÜLFİKÂR Bak şimdi. Alman Doktor Klaus Şönemayer. Meme kanserine çare bulduğunu söylediğinin ertesi günü banyosunda ölü bulundu. Fransız Doktor Fransuva Blan kansere karşı etkili bir ilaç bulduğunu söyledikten bir hafta sonra trafik kazası geçirdi. Sence tesadüf mü? Bence değil. Neden biliyor musun?

TAŞKAFA Abi benim kafa gitti.

ZÜLFİKÂR Ulan Taşkafa'ydın, kafa gitti taş kaldı geriye. Dinle! Dünyada ilaç pastası küresel bazda 957 milyar dolar. 2012 rakamlarıyla konuşuyorum. Bunun 4'te 1'i kanser ilaçları olsa yaklaşık 250 milyar dolar. Röntgen cihazları, Em Ar cihazları. Pet Skenler. Pastayı hayal edebiliyor musun? Bunu aklında tut. Peki, bu ilaç şirketlerinin kardeşi kim biliyor musun?

TAŞKAFA Kardeşleri de mi var?

ZÜLFİKÂR Tabii ki. Sigara şirketleri. Bunların hepsi aynı pantalonun iki cebi gibi. Yukarda bir yerde birleşiyor.

TAŞKAFA Anasının gözü.

ZÜLFİKÂR Biri kanseri yayarken diğeri iyileştirmeye çalışıyor sözüm ona. Ama işin garibi şu: Kanser ilaçlarını gelişmiş ülkeler üretiyor. Sigarayı da öyle. En fazla ölüm oranı nerde peki?

TAŞKAFA Fukaradadır kesin.

ZÜLFİKÂR Aynen. Az gelişmiş ülkelerde yüzde 68 ölüm oranı var. Batı'da daha düşük.

TAŞKAFA Vay anasını tezgâha bak.

AYŞEGÜL Bi burası mı kalmıştı ya! Ya bari buraya gelmeseydin! Hayatımı gasp ettin resmen!

POYRAZ Ya senin olduğun her yere gelirim ben! Senden mi izin alıcam!

AYŞEGÜL Alacaksın tabii!

POYRAZ Hayırlı olsuna geldim! Gelmese miydim!

AYŞEGÜL Gel de insan gibi gel!

POYRAZ Ben nasıl geldim?

AYŞEGÜL Poyraz gibi geliyorsun, gelme! Al çiçeğini çikolatanı gel ya!

POYRAZ Ya karar ver geleyim mi gelmeyeyim mi?

AYŞEGÜL Ya git Allahını seversen!

POYRAZ Ya manyak ettin beni! Geleyim mi gideyim mi! Gidiyorum bak!

AYŞEGÜL Dur! Kal!

POYRAZ Geleyim mi? Gideyim mi? Kalayım mı?

AYŞEGÜL Ya bi sus!

POYRAZ Bak susuyorum ama gözlerim konuşuyor. Ne diyorlar tahmin et.

AYŞEGÜL Bak hâlâ kaçak dövüşüyorsun benle. Babamla meseleyi ne yaptın?

POYRAZ Ya niye kaçak dövüşeyim senle. Bi sıkımlık canın var zaten. Ağzını burnunu kırarım istesem.

POYRAZ Biz seninle kuru fasulye-pilav gibiyiz?

SİNAN Ayşegül Abla da var.

POYRAZ Kuru fasulye-pilav-cacık.

SİNAN Cacık ben olmam yalnız.

POYRAZ İyi onu da ittir bize bakalım.

DESPİNA İnkâr edersiniz sanmıştım.

BAHRİ Ben piyango bileti satmıyorum. Kim olduğumu bilerek kapıma geldiniz. Kendimle gurur duymuyorum. Ama pişman da değilim.

ZÜLFİKÂR Tamam da şimdi yani. Bu aşk dediğin durum imkânsız olunca bir şeye benziyor.

SEFER Tamam imkânsız olsun. Ona itirazımız yok. Bu kadar da olmasın birader. Evli kadına âşık olmak nedir ya?

TAŞKAFA Haydaaa. Zülfikâr da Poyraz'ın bacısına yandı. O imkânsız değil mi?

SEFER Seninki kadar değil şimdi!

ZÜLFİKÂR Bi dakka oğlum, kim diyor Zülfikâr Poyraz'ın bacısına yandı diye...

SEFER Sen de kıvırma şimdi. Görmüyor muyuz biz? Bir şey olur olmaz soluğu kızın yanında alıyon!

ZÜLFİKÂR Valla yok. Yanma filan yok. Tamam, bi dudak teması oldu ama...

TAŞKAFA Neyyy!

ZÜLFİKÂR La oğlum yanlışlıkla oldu!

SEFER Öptün mü lan kızı!

ZÜLFİKÂR Lan yok yeminle bak! Hani o gece hangover kafası olmuştu ya! O gece Meltem'e gitmişim ne ara oldu nasıl oldu!

SEFER Allah belanı versin, öptün di mi!

ZÜLFİKÂR Ya yok diyorum! Bi temas oldu ama öpme denemez.

SEFER Taşkafa yaza düğün inşallah!

Hayata bak. Hayaller Oğuz Atay.
Gerçekler Kemalettin Tuğcu anasını satayım.

POYRAZ

Bi laf vardır; ibret almayan göz,
kişinin düşmanıdır derler...

BAHRİ

Demire şekil vermeden önce iyice ısıtman lazım.
Kor olana kadar... sonra döversin döversin
istediğin şekli o zaman alır...

ADİL TOPAL

GÖRGÜLÜ KUŞLAR GÖRDÜĞÜNÜ İŞLER BABA...

SEFER

Bilmezsin sen. Kalbim bile yalan söyler bana.
Ona bile güvenmiyorum artık.

AYŞEGÜL

POYRAZ

Mutluluk nedir diye sorulunca. Masallarda hikâyenin sonuna denk gelen mutluluk gerçek hayatta baş tarafta tercih edildiğinden... Gerçek insanların başına gerçek acılar geldiğinden... ayrıca mutlu insanların sıkıcı olmasından dolayı mutluluk gerçek hayatta tercih edilmez sevgili İsacım. Sadece gerçek hayatta değil. Ayrıca romanlarda, dizilerde ve filmlerde de mutlu insanları kimse sevmez. Evinde oturan mutsuz insanları mutlu eden tek şey, kendilerinden daha mutsuz insanların hikâyeleri olduğundan... yazarlarımız genelde mutsuz insanların hikâyelerini anlattığından parayı böyle kırarak mutlu olurlar.

AYŞEGÜL Niye ya herkes mutsuz olacak diye bir kaide mi var?

POYRAZ Var efendim. Bi kere ben nasıl mutlu olunacağını bilmiyorum. Bence mutluluk yasaklanmalı. "Bakanlar Kurulu'nun çıkardığı kanun hükmünde kararname dün gece Resmi Gazete'de yayınlanarak yürürlüğe giren mutluluğa muhalefet kanunu tüm yurttaki mutsuzları sevince boğdu" diye gazete haberi okusak fena mı olur?

CEVHER ALBAY Böyle saçma şey mi olur Poyraz!

POYRAZ Olur, bal gibi olur. Mutlu olunca ne olacak? Sıkılırsın bi kere. Düşünsene, evde mutlusun. Üç aylığı almışsın. Karın çoluğun çocuğun yanında. Borcun harcın yok. Aşk acısı da çekmiyorsun... E öl artık. Haksız mıyım!

AYŞEGÜL Haksızsın! Biz mutlu olmayı hak ediyoruz bir kere...

POYRAZ Edemezsiniz efendim! Mutlu insanlar ölmeye mahkûmdur. Çünkü hikâyeleri biter. Tarih sadece mutsuzları yazar! Bana bakın ey mahalle halkımız! Aranızdaki mutluları tek tek bulup tutuklamak benim boynumun borcudur. Biz burda acı çekerken sizin mutlu olmaya ne hakkınız var lan! Komşuluk bitmiş Albayım! Size mutlu olunca ne olacağınızı söyleyeyim! Mutluluktan depresyona girip mutsuz olacaksınız. Sonra sokaklar kendini camlardan aşağı atmış gencecik bedenlerle dolacak! Ambulanslar yetişmeyecek! Morglar artık daha fazla ceset almayacak! Evladını kaybetmiş anne babaların feryatları arş u alayı titretecek!

CEVHER ALBAY Poyraz evladım düşeceksin!

AYŞEGÜL Poyraz gel şuraya!

POYRAZ Peşinden koşup durduğunuz bu mutluluk denen hülyaya kapılıp sonra da kendinizi öldüreceksiniz! Ey zavallı insanoğlu! Mutluluk diye bir şey yok! Kendimden biliyorum! İşte burda size her şeyi ispat etmek üzere cama çıkmış bulunup az sonra bu zavallı bedenimi aşağı atarak size mutluluk diye bir şey olmadığını ispatlıyorum! Alın buyrun.

Benimle evlen Ayşegül! Mutlu olalım.

Bu koltuğa oturmak istiyorsan.
Sahip çıkmayı bileceksin!
Evladına baba olamayan âleme mi baba olacak!

BAHRİ

Meltem! Ben 97 gün Ayşegül'süz bi hayat yaşadım.
Daha kötü bir şey hayal edemiyorum.
İnan, cehennem bile Miami tatili gibi gelir...

POYRAZ

Yere göğe sığmayan insanın kalbine sığar.

ZÜLFİKÂR

BİZİM GÖZÜMÜZDE MEVKİ MAKAM YOK BABA.
BİZ KAPINDA KUL OLMAYA RAZIYIZ.

SEFER

Doğanın kanunu. Oğullar babalarının
canını sıkmak için bu dünyaya gönderilmiştir.

ADİL TOPAL

SEFER	Hazır mısın dedem?
ZÜLFİKÂR	Buyur.
SEFER	Issız bi adaya düştün. Yanına alacağın üç şeyi söyle bana.
ZÜLFİKÂR	Issız adaya niye düşeyim ya, çok mantıksız.
SEFER	Mesela yani?
ZÜLFİKÂR	Nasıl bi ada? Tropik mi? Yoksa daha kuzey ülkeleri gibi mi? Hafif soğuk. Ama yeşillikli. Çamlar filan mı?
SEFER	Oğlum mal mısın sen? Issız ada işte. Sana ne bitki örtüsünden. Düşmüşsün zaten! Tatile mi gidiyon! Filmlerde görmedin mi hiç?
ZÜLFİKÂR	He tamam ne kızıyon ya. Seni alırım. Taşkafa'yı alırım.
SEFER	Hah üçüncüyü de söyle.
ZÜLFİKÂR	Babayı alırım bi de. Özlerim ya ben onu.
SEFER	Alırsın babayı. Neyse diğer soru. En sevdiğin kitap?
ZÜLFİKÂR	İnce Memed.
SEFER	En sevdiğin film?

ZÜLFİKÂR Yılmaz Güney. Arkadaş.

SEFER En sevdiğin türkü?

ZÜLFİKÂR İşte gidiyorum çeşm-i siyahım. Âşık Mahsuni Şerif.

SEFER En sevdiğin rüzgâr?

ZÜLFİKÂR Meltem.

SEFER En sevdiğin çiçek?

ZÜLFİKÂR Çiğdem. N'oldu bitti mi?

SEFER He. Sonucu aldık.

ZÜLFİKÂR Ne çıktı?

SEFER Yüzde 50. Yüzde 50.

ZÜLFİKÂR Nasıl ya?

SEFER Birine Meltem dedin, diğerine Çiğdem.

ZÜLFİKÂR Öteki sorular?..

SEFER Onlar şaşırtmacaydı!

ZÜLFİKÂR Senin yapacağın algoritmaya ben!

AYŞEGÜL Hiç düşündün mü? Acaba hiç karşılaşmasaydık ne olurdu?

POYRAZ Benim bi hayatım olmazdı.

AYŞEGÜL Sen bana ne zaman âşık oldun ya?

POYRAZ Elli kere anlattım.

AYŞEGÜL Elli bin kere dinlerim.

POYRAZ İlk gördüğüm an. Taksime bindiğin an. Sen yoktun, sadece gözlerin vardı. Taksiye bir çift göz binmişti. Hayatımda gördüğüm en güzel gözlerdi... Sanki bedenin gözlerini giyinmişti.

AYŞEGÜL Ama tam bir kıro gibi davranmıştın.

POYRAZ Evet.

AYŞEGÜL Adın Poyraz Kıroyel olsa şaşırmazdım. Her şey bitti mi artık? Geleceğe umutla bakabilir miyiz?

POYRAZ Bilmem.

AYŞEGÜL Benim hâlâ umudum var...

POYRAZ Biraz bana da borç verirsin di mi?

AYŞEGÜL Veririm ama faiziyle alırım...

Bin kere kızıp bin kere affedecem seni!
Benim kaderim de bu işte!

AYŞEGÜL

Hangi baba evladı için
ölmekten korkar!

BAHRİ

Lan geri zekâlı geri zekâlı konuşma.
Baba bi yana, dünya bi yana!
Kendi kafana sık desin düşünmem!
Zülfikâr'a sık desin onu da düşünmem!

SEFER

KADINLARIN HAKLI OLMASINDAN
NEFRET EDİYORUM YA!

POYRAZ

Vay anam vay... Neler dönmüş Serhat ya...
Küçük zilli bizi de yemiş ya... Sevgilisiymiş meğer...

SONGÜL

SEFER	N'apıyonuz lan!
SADREDDİN	Benzin lan bu!
ZÜLFİKÂR	Püh Allah belanızı versin! Benzin de değil mazot bu! Fakir misiniz lan siz!
TAŞKAFA	Ya Zülfo! Adamlar bizi diri diri yakacak! Mazottasın benzindesin hâlâ!
ZÜLFİKÂR	Yanmak mesele değil de. Küresel güçlerin yerle bir olduğu bir dünya hayalim vardı o yalan oldu.
SEFER	Yemişim küresel güçleri! Beşiktaşımızın Şampiyonlar Ligi'ni aldığını görmeden ölücem ona canım sıkılıyo!
SADREDDİN	Ona senin ömrün yetmez be Sefer.
SEFER	UEFA da olur be abi. Aza kanaat etmeyen çoğu bulamaz demişler.

ZÜLFİKÂR Buharlı trenleri düşündün mü sen?

ÇİĞDEM Ne?

ZÜLFİKÂR Sanayi devrimini? Japonya'dan gemi yola çıkıyor, hem araba üretiyor hem de aynı zamanda nakliyatını yapıyor biliyor musun! İşte böyle bir akıl var! Bize düşman bunlar! Adamlar Ay'a çıkıyor ya! Niye biliyor musun! "Bak buraya da ayak bastım" demek için! "Burası da benim" demek için! Ulan böyle şerefsizlik haysiyetsizlik olur mu! Ay bu ya! Dünyanın en güzel şeyi! Ay'a çıkılır mı be utanmaz herif!

ÇİĞDEM Zülfikâr ne diyorsun! Ben hiçbir şey anlamıyorum!

ZÜLFİKÂR Bu dünya diyorum! Akıl ve zalimlikle yönetiliyor! İsyan etmek bi halta yaramıyor! Âşık olmamız lazım! Çiğdem seninle benim kavuşmamız lazım! Kavuşursak ne olacak biliyor musun! Dünyanın bütün bankaları biz kavuşursak batacak! Hazine bonoları, tahviller, senetler hepsi yanıp kül olacak! Borsalar, Birleşmiş Milletler hepsi belasını bulacak. Âşık olalım Çiğdem. Kavuşalım. Bi de mutlu olalım inadına. Mutlu olalım! Küreselci ibneler çatlasın!

Geç kaldık

SEFER Ya bu yüzüğü şimdi parmağına takarsın ya da bu silahı alır kafama sıkarsın.

SEMA Sanırım evlilik teklifi gibi bir şey yaptın?

SEFER Hee. Ne diyorsun?

SEMA Biraz düşünebilir miyim?

SEFER Düşünemezsin.

AYŞEGÜL Nasıl oluyor... Nasıl oluyor da başını sürekli belada tutmayı başarıyorsun hayret ediyorum sana...

POYRAZ Meslek sırrı. Söylerim ama sonra seni öldürmem gerekir.

POYRAZ Dayaklar Albayım... İnsana yaşadığını hissettiriyor...

CEVHER ALBAY Söyle oğlum. Söyle bitsin gitsin. Adil Topal benim babam de.

POYRAZ Kolaysa sen söyle Albayım...

SADREDDİN Söyle laaan!

CEVHER ALBAY Hadi Poyraz söyle... Direnme evladım...

POYRAZ Kendim için direniyorsam namerdim Albayım... Arkamda cesetler bırakarak büyümek istemiyorum Albayım...

❖

AYŞEGÜL Bi sevgilin olduğunu unuttun gibi geldi de. Kendimi hatırlatayım dedim.

POYRAZ Tamamen aklımdan çıkmışsın ya...

AYŞEGÜL Öyle mi?

POYRAZ Bir an aklımdan çıksan benim aklım çıkar.

AYŞEGÜL Ne bu, tekerleme mi?

POYRAZ Hayır buna halk edebiyatında Poyrazlama deniyor.

❖

MELTEM İçecek bir şey ister misin?

ZÜLFİKÂR Neşet Ertaş'ın varsa alırım bi kadeh.

Ya nasıl anlatsam. Küçük bir oda düşün. İçinde yüzlerce kitap... Hani o kitapların bi kokusu vardır. Sarar odayı. Çekersin içine... Sanki binlerce hayatı içine çekmişsin. Türk romanlarını düşün mesela... Attilâ İlhan'ı düşün, Ahmet Hamdi'yi gel ordan Oğuz Atay'a, Orhan Pamuk'ta bi dur, bi mola ver. Öyle işte... Uzaktan bakınca normal biri sanırsın. Ama yakından bakınca çıldırırsın. Ben bi kere öpmüş bulundum bunu üç hafta GATA'da yattım ya... Dudaklarım yanmış. İşte öyle bir kız. Daha anlatayım mı? Dur anlatayım. Bir gözleri var tıpkı Ece Ayhan. Burnu desen İlhan Berk. Saçlar desen yemin ederim Cemal Süreya.

POYRAZ

SEFER Çiğdem'le ne yaptın lan?

ZÜLFİKÂR Ya sorma dedem... İyice karışıyor işler. N'apıcamı bilemiyorum.

SEFER Bak şimdi... Soru sorucam hemen cevap vericen düşünmeden.

ZÜLFİKÂR Tamam dedem.

SEFER Marks mı? Engels mi?

ZÜLFİKÂR Marks.

SEFER Stalin mi? Lenin mi?

ZÜLFİKÂR Lenin.

SEFER Fidel Castro mu? Che Guevara mı?

ZÜLFİKÂR Che Guevera.

SEFER Zül-Mel mi? Çiğdekâr mı?

ZÜLFİKÂR O ney lan?

SEFER Şaşırtmacalı soru oğlum işte. Direk bilinçaltını hedef aldım. Halk deyimiyle içinden geçeni.

ZÜLFİKÂR Ben bilmiyorum içimden geçeni. Aklım karışık aklım!

SEFER Akıl akıl gel takıl. Aşktan bahsediyoruz burda. Akılla aşkın ne alakası var lan! Yan yana bile gelmiyor ikisi.

ZÜLFİKÂR Meltem kafa kız Allah için. Kafa benim kafa. Ama Çiğdem de çok güzel bi insan be dedem. Meltem de güzel. Tamam. Ama Çiğdem çok güzel. Ama Meltem de çok kafa. Çiğdem güzel, Meltem kafa. Meltem de güzel. Hem de kafa. Ama Çiğdem...

POYRAZ	Sen ciddi misin?
AYŞEGÜL	Kalp krizi kadar ciddiyim.

❖

BAHRİ	Bi kalp bir kişiyi sever Zülfikâr.
ZÜLFİKÂR	Baba biz de öyle ayran gönüllü değiliz yanlış anlama.
BAHRİ	Öyle olsan bu çatı altında barınamazsın zaten.
ZÜLFİKÂR	Eyvallah. Biz mertliği de sevdayı da senden öğrendik. Bizi bizden iyi bilirsin. İyi kötü dava adamıyız. Başımız ayrı, şeyimiz ayrı oynamaz.
BAHRİ	Eyvallah, biliyoruz oğlum.

❖

SEMA	Seni bi daha göremeyeceğim sandım bi an.
SEFER	Zaten görmüyorsun ki...

❖

ZÜLFİKÂR	Bonjorno Hacıkante.
SEFER	O ney lan?
ZÜLFİKÂR	Selamunaleyküm Hacı'nın İtalyancası.
SEFER	Mal mısın nesin ya?

POYRAZ Seni seviyorum Ayşegül... Hiçbir şey bunu değiştiremez... Hiçbir yalan... Biliyorum... Sen de beni seviyorsun... Hem de çok seviyorsun... Her şeyi berbat ettiğim için üzgünüm. Seni kaybetmekten korktum. Bir daha görememekten. Bilmeni istediğim tek şey var... Sen bütün yalanlara değersin...

AYŞEGÜL İlk defa birine güvenmiştim hayatımda... İlk defa birine teslim olmaya hazırdım... Hiç mi vicdanın sızlamadı ya?

POYRAZ Şu an vicdanımdan oluk oluk kan akıyor Ayşegül. Ne sızlaması...

AYŞEGÜL Ben bu kalbi yalancının biri kırsın döksün, paramparça etsin diye taşımıyorum! Nerden bilicem hâlâ yalan söylemediğini! Nasıl güvenicem sana!

Bu benim yolum Despina Hanım. Sonuna kadar
gitmek zorundayım. Sonu uçurum olsa da...

BAHRİ

Bir baba yüz evlada bakar.
Yüz evlat bir babaya bakamaz.

BAHRİ

Kader hepimiz için en güzel sonları yazar.

BAHRİ

İntikam almak için çok yaşlı, unutmak için fazla gencim.
Yoruldum artık... Sadece torun sevmek istiyorum.
Bir aptal gibi yaşadım. Ama hâlâ huzur içinde
ölmek için bi şansım var...

BAHRİ

Kimseye sana ihanet etmesine
izin verecek kadar güvenme.

BAHRİ

POYRAZ Ne yazıyoz? Hadi vaktim az, çıkmam lazım. Çabuk çabuk!

İSA İstanbul'un fethinin sonuçları?

POYRAZ Söyle Albayım!

CEVHER ALBAY Ortaçağ kapandı, yeni çağ açıldı!

POYRAZ Ümran Hanım!

ÜMRAN Pas!

POYRAZ Kahpe Bizans yıkıldı! Yerine Büyükşehir Belediye Başkanlığı açıldı! Albayım sendeyiz!

CEVHER Avrupa'da Rönesans başladı! Yeni bir devir açıldı!

POYRAZ Yaz İsa! Üç tane köprü yapıldı, hepsi trafiğe açıldı! Albayım!

CEVHER ALBAY Yenikapı'ya metro istasyonu açıldı!

ÜMRAN Albayı da kendinize benzettiniz

İSA Yaa Poyraz Abi çok hızlı söyledin!

POYRAZ Aklında tutacaksın oğlum! Devir hız devri! Yazacaksın hemen! Kahvaltı için sağ olun. Poyraz Karayel iyi günler diler.

POYRAZ Aşk aslında nedir biliyor musun?

SİNAN Nedir?

POYRAZ Suratına kocaman bir yumruk yersin. Kan tükürürsün. Sonra bir daha yersin. Bir daha kan tükürürsün. Canın yanar ama söyleyemezsin. Söylesen anlatamazsın. Anlatsan anlamazlar. Sadece çeken bilir. İşin en kötü yanı ne biliyor musun?

SİNAN Ne?

POYRAZ Bu bi insanın başına gelebilecek en güzel şeydir.

POYRAZ	Bu kadar güzel burnu olan bi insanı üzgün görmek beni kahrediyor.
AYŞEGÜL	İlk defa biri burnuma iltifat ediyor.
POYRAZ	Ya elimden gelse koparıp cebimde taşırım. Hastasıyım kendisinin.
AYŞEGÜL	Yalancı.
POYRAZ	Senin saçının her teline ayrı ayrı âşık oldum ben Ayşegül. Bak mesela bunun adı... Bunun adı neydi ya? Hepsi de birbirine benziyo bunların.

POYRAZ Bak Sinancım, kadın-erkek ilişkileri çok basit bir temele dayanır. Kaçan kovalanır. Anladın mı? Eline fırsat geçti mi acımayacaksın.

SİNAN Kaçan kovalanır diyorsun...

POYRAZ Bu kadar basit işte. Tribini atacaksın. Aradı mı mesela? Hemen dönmeyeceksin. Bırak kursun kafada.

❖

ZÜLFİKÂR Dünyada her gün 317 bin çift ayrılıyor. 600 binden fazla kalp kırılıyor. Yüzlerce litre gözyaşı demek. Küresel ölçekten baktığında bizimki de o ayrılıklardan biri işte...

SEFER Ateş düştüğü yeri yakar. Yemişim küresel ölçeği aga.

ZÜLFİKÂR Ulan bulması zor, sevmesi zor. Kavuşması zor. Ayrılması zaten zor. Ne zor işmiş be dedem.

SEFER Herhalde aga. Karacaoğlan boşuna dememiş. Üç derdim var birbirinden seçilmez / Bir ayrılık, bir yoksulluk, bir ölüm.

❖

SEFER Sema, Baba'ya silah çekti...

TAŞKAFA Yok anasının rugan terliği?

SEMA	Sefer söylemek istediğin bir şey var galiba? Ama ben anlamıyorum.
SEFER	Bi gör bizi ya! Yeter ya! Ulan görünmez adam olsa insan isyan eder be!
SEMA	Bak Sefer...
SEFER	Seviyorum! Âşığım sana! Görmüyor musun!
SEMA	Bi kere ne söyleyeceksen adam gibi söyle! Karşında kadın var senin!
SEFER	Kızım sen kalp yerine karbüratör mü taşıyorsun! Nasıl anlamazsın ya! Şu yaşımda adamım elimde portakallarla kapında ağaç ol-

dum be! Hiç mi bir şey hissetmedin! Hiç mi anlamadın! Ya bak tamam, ters istikametten girdim yola... Affedersin kusura bakma... Biz bu aşk meşk işlerinin acemisiyiz.

SEMA Sarhoş filan mısın sen?

SEFER Ne alakası var Sema! Ya bak tamam. Ben böyle bi adamım. Kusura bakma. Dan dun konuştum biliyorum. Ama bi dinle... Kız uzun zamandır yanığım sana be... Gözümü kapıyom sen. Açıyom sen. Yatıyom sen. Kalkıyom hep sen. Ekmek Kuran çarpsın yalanım varsa. Vallahi seviyorum seni...

SEMA Ne zamandan beri?

SEFER Bilmem.

SEMA Sefer seni severim. Ama kusura bakma.

SEFER Ortada bi kusur yok.

SEMA Bu konuşma hiç olmamış olsun. Biz de arkadaş kalalım. Olmaz mı?

SEFER Olmaz Sema. Ben öyle gelip sana konuşucam. Sen arkadaş ayağı yapıcan. Yok hiç olmamışlar filan. Bizi bozar aga...

SEMA N'apıcaz peki? Konuşmayacak mısın benle?

SEFER Konuşacak ne kaldı ki...

SEMA Peki o zaman. İyi geceler.

Tutunacak
bir dalımız kalmadı,
tutunamıyoruz

POYRAZ	Kötülük Albayım... Her insanın içinde var diyolar.
CEVHER ALBAY	Senin içinde yok evladım.
POYRAZ	Ben olsun istiyorum Albayım.
CEVHER ALBAY	Sen iyi adamsın Poyraz.
POYRAZ	İyi adam olmaktan sıkıldım Albayım. İyi olucaz diye hayatımızın içine ettiler. Onlar vurdu, ben sustum. Sustukça daha çok vurdular. Gel Albayım, bu gidişe bir dur diyelim.
CEVHER ALBAY	N'apıcan evladım?
POYRAZ	İçimdeki öfkeye yol verelim.
CEVHER ALBAY	Öfkeyle kalkan zararla oturur evladım.
POYRAZ	Biz bi kalkalım da oturmasına bakarız Albayım. Sevdikçe kuruyorum ben Albayım! Her şeyi, herkesi alıyorlar elimden. Yaşamak bu değil Albayım.

GARDİYAN Poyraz Karayel ziyaretçin var!

POYRAZ Daha yeni geldik. Bi kıçımız yer görseydi.

GARDİYAN Uzatma oğlum! Allah Allah! Burası hapishane. Kalk diyecekler kalkacaksın! Gel giyecekler geleceksin! Yat deyince de yatacaksın!

POYRAZ Hee oldu. Robotum ben çünkü. Yok ya bi haftaya kalmaz ben bu hapishanede isyan çıkarırım.

GARDİYAN Biz o isyanı çıkarttığın yere sokmasını da biliriz merak etme.

POYRAZ Yalnız çok kaba bir gardiyansınız... Tam filmlerdeki kötü gardiyan klişesinin ağına düşmüşsün. Asıl Allah seni kurtarsın.

Şşş... Benim de bi oğlum olur di mi? Kızım olsun ya.
Sana benzer belki. O zaman da çok güzel olur.
Oğlanlar filan takılır peşine. E ben rahat duramam, mecbur
dövücez bu sefer. Yok yok benim oğlum olsun oğlum.
Beşiktaş'ın altyapısına veririm. Çakı gibi santrafor olur.
Ama bu sefer de hakem döveriz. O da olmaz.

SEFER

Öp beni. Bir daha hiç öpmeyecekmiş gibi öp.

AYŞEGÜL

Bi toplumda da insanlar bana karşı birleşmesin
bi zahmet ya! Ben senin adını Sinan değil de
Brütüs koysaymışım da olurmuş yalnız...

POYRAZ

İşte bu benim hayatım İpek...
Kuyumu kazan bi karım, beni evladı gibi görmeyen
bi babam ve evladım olmayan bi oğlum var.

SADREDDİN

ZÜLFİKÂR	Dedem destur var mı?
MELTEM	Girmişsin zaten içeri ne desturu.
ZÜLFİKÂR	N'apıyon bakayım?
MELTEM	Sevgililer günü ile alakalı ne kadar site varsa çökertiyorum.
ZÜLFİKÂR	Hah işte! Aradığım kafa bu kafa benim. Ne o Sen valentin dey. Sen valentin ben valentin hoop paralar cukka.
MELTEM-ZÜLFİKÂR	Küresel sermaye.
ZÜLFİKÂR-MELTEM	Aynen.
ZÜLFİKÂR	Yalnız bi laf çalmazsan bir şey anlatıcam. Bu küreselciler var ya bizi robota çeviriyorlar biliyon di mi. Duygularımızı kontrol ediyorlar. Bak mesela diyor, bugün diyor, sevgililer günü diyor, aban kırmızı güle. Herkes alıyor. Otomatikman mahalle baskısı almasan olmaz. Hoop gülleri alıyorsun.
MELTEM	Sevgililer günü de öyle, anneler babalar günü de öyle. Bugün sevgilini hatırla, yarın anneni. Sana ne yaaa! Senden mi öğrenicem?
ZÜLFİKÂR	Burda gaye ne? Sevgimizi kontrol etmek. Yani onların istediklerini onların istedikleri günde seviyoruz. Biz şimdi ne diyoruz bunlara.
MELTEM	Siktir git abi!
ZÜLFİKÂR	Yalnız ağzını bozmayaydın iyiydi.

MELTEM Ya bırak ne bozmıyıcam.

MELTEM Ee başkan bugün sevgililer günü ama sen yengeyi bırakmışsın.

ZÜLFİKÂR O iş finito dedem.

MELTEM Yapma ya? Benim yüzümden değil inşallah.

ZÜLFİKÂR Nasıl senin yüzünden değil ya! Senin yüzünden tabi!

MELTEM Niye ki! O kadar arkadaş ayağı yaptık kıza!

ZÜLFİKÂR Arkadaş mıyız biz?

MELTEM Evet.

ZÜLFİKÂR Bok arkadaşız!

MELTEM Ya neyiz!

ZÜLFİKÂR Sen beni sevmiyon mu?

MELTEM O nasıl soru ya! Nerden bilicem seviyorum dediğimde senin de ben de seviyorum diyeceğini?

ZÜLFİKÂR Ben seni seviyorum arkadaşım! Sen söyle şimdi!

MELTEM Bu biraz ani oldu yalnız! Hani biz arkadaştık!

ZÜLFİKÂR Arkadaş mı diyorsun hâlâ ya! Ya kızım ben ilk gördüğüm andan itibaren... Ya lan neyse ben bir şey demiyorum... Hâlâ arkadaş diyor ya kafayı yiyicem arkadaş...

POYRAZ	Delirmek Albayım... Kim bilir ne güzel şey. Düşünsene aklın yok bi kere... Beni hep bu aklım mahvetti Albayım.
CEVHER ALBAY	Doğrudur evladım. Keskin sirke küpüne zarar demişler...
POYRAZ	Bence insan delirecekse hiç değilse aşktan filan delirmeli. Böyle boktan çocukluk hatıraları yüzünden değil. Hayır, bunun ne romanı yazılır ne de filmi çekilir, ona yanıyorum.
CEVHER ALBAY	Çekilir evladım, niye çekilmesin?..
POYRAZ	Çekilir mi diyorsun. "Poyrazcık-Küçük Mütahit" Babasız kalan Poyrazcık yuva hasretini dindirmek için devletten kredi alıp inşaat işine girer...
CEVHER ALBAY	Sen de iyice zıvanadan çıktın.

TAŞKAFA Oğlum ne diyicem lan size...

SEFER Kesin saçma bir şey...

TAŞKAFA Oğlum bizim kuzuyu, Pamuğu Adil Topal kaldırmış olmasın.

ZÜLFİKÂR Yok ebesinin...

TAŞKAFA Ne var oğlum? Adam belki benimle de hesaplaşmak istiyor. Belki şantaj yapacak? Kuzumun ortadan böyle kaybolması size de garip gelmiyor mu?

SEFER Oğlum senin şekerin mi düştü? Kafayı mı çarptın? Ne yaptın?

TAŞKAFA O zaman bulun Pamuğu bana ne!

AYŞEGÜL	Nasıl cesaret edip geldin ya?
POYRAZ	N'apiyim... Göz bu görmek istiyor.
AYŞEGÜL	Göz görmeyince gönül katlanır diye bir laf duymadın mı?
POYRAZ	Hayır. Gözden ırak olan gönülden de ırak olur lafını duydum ama...

❖

AYŞEGÜL	Özür dilemeye mi geldin?
POYRAZ	Benden nefret ederken yalnız kalma dedim. Gel beraber nefret edelim benden.
AYŞEGÜL	Senden nefret edebilsem keşke. Allah beni kahretsin ki başaramıyorum...

❖

AYŞEGÜL	Farkındaysan adam silahlı.
POYRAZ	Ne var, ben de yakın dövüş biliyorum.
AYŞEGÜL	Mermiye kafa atarım diyosun yani.

İSA Poyraz Abi çok pis ödevim geldi ya...

POYRAZ Ne ödevi var yine?

İSA Ülkemizin geri kalma sebepleri...

CEVHER ALBAY O ne biçim laf İsa! Ülkemiz neden geride kalsın?

POYRAZ Ülkemiz geride değil İsa! Ülkemiz ilerde, biz halkımız olarak ülkemizden gerideyiz...

İSA O nasıl ya?

POYRAZ Şöyle. Ülkemiz sürekli gelişip kalkınıp ilerlerken halkımız A vitamini eksikliğinden o kadar gelişemiyor. Çünkü okumuyoruz İsa. Bi insan için en güzel vitamin kitaplardır. Onun böyle yapraklarını koklayacaksın o vitamini ciğerlerine çekeceksin. Ama biz n'apıyoruz. Yapmıyoruz. Ülkemiz sürekli kitaplar gazeteler basıyor. Biz o gazeteleri kahvaltı sofralarında üzerinde domates ve beyaz peynir yemek suretiyle heba ediyoruz. Ülkemiz dergiler basıyor bizim için. Biz onlardan leblebi külahı yapıyoruz...

AYŞEGÜL Hah! Kaldı yine çocuk!

MELAHAT Ben anlamadım bu beyfendi ne diyor.

SİNAN Ödev yapıyorlar, bir Poyraz Karayel klasiği...

POYRAZ Ekonomimiz gelişiyor, ihracat gelişiyor, inşaat sektörü gelişiyor, biz gelişmiyoruz... Yaz bakalım İsa. Ülkemiz çoksesli müzik dinleyelim diye filarmoni orkestraları ithal ederken halkımız aşırı türkü zehirlenmesinden hastanelere düşüyor... Geri kalıyoruz İsa! Çünkü bi türlü kendimiz olamıyoruz! Kendimiz olsak bunların hiçbiri olmayacak! Burdan necip Türk halkına sesleniyorum... Siz bunlara bakmayın! İleri gidince de ne olacak! Yapacağınız en fazla hidrojen bombası! İleri gitmeyin oturun oturduğunuz yerde!

İSA Ben kesin kaldım he...

SİNAN Bence de...

DESPİNA Yanmış cesetler gördüm ne düşünmemi bekliyorsunuz!

BAHRİ Oğlum uyuşturucu yüzünden öldü. O adam da uyuşturucu taciriydi. Siz benim dünyayı yakmadığıma dua edin.

AYŞEGÜL Nerdesin?

POYRAZ Zincirlikuyu.

AYŞEGÜL N'apıyon orda?

POYRAZ Bakıcam işte. Boşta mezar var mı? Olmadı kimsesizler mezarlığına gömerler artık.

POYRAZ Affet n'olur? 2017'ye beraber gireriz sen ben Sinan. 2018'e de beraber gireriz. Sen ben Sinan bi de Poyraz Jünyor hatta...

AYŞEGÜL Poyraz Jünyor ne be?

POYRAZ Oğlumuz. Kız olsa da olur. Ben öyle cinsiyetçi bi insan değilim.

AYŞEGÜL Ben böyle bir dünyaya çocuk getirmek istediğimden emin değilim yalnız.

POYRAZ Nasıl yani? Sen bi çocuk doğuracaksın diye Mars'a mı gidelim Ayşegül?

AYŞEGÜL Ya ben sana para vereyim beş dakka saçmalama olur mu?

POYRAZ Ne kadar verecen ona göre?

AYŞEGÜL Ayyyy!

SİNAN Baba. Sen beni biraz mı seviyon sahiden?

POYRAZ Oğlum biz seni camii avlusunda bulduğumuz için öyle çok sevemiyorum yani... İşte elimden geldiğince zorluyorum kendimi...

SİNAN Yalancı.

POYRAZ Sen ne diyorsun be oğlum. Benim kalbim Sinan diye atıyor.

❖

ZÜLFİKÂR Sen de böyle anarşik falan görünüyon ama baya bi kadın çıktı içinden.

MELTEM At mı çıksın başkan?

ZÜLFİKÂR Olur. At dediğin ne kadan güzel bi hayvan.

MELTEM Kadın çıkmış içimden... Ulan kaç yıldır bu anı bekliyoruz be...

❖

AYŞEGÜL İnşallah bir daha görüşmeyiz.

POYRAZ Küstahlığı tam beceremiyorsunuz.

AYŞEGÜL Bir ara sizden ders alırım.

SONGÜL Ya tamam zor, biliyorum. Bak şuna bak. Babalık yapabilirsin bu çocuğa. Şunun sevimliliğine bak ya. Ben doğurdum bu çocuğu. İkimizin bebeği olabilir hâlâ... Sevsen, bağrına bassan?.. Bi düşün nolur?

SADREDDİN Tek düşündüğüm senin mezarını hangi mermerden yaptıracağım.

ZÜLFİKÂR	Ben bu küresel işini çözdüm.
SEFER	Nasıl çözdün?
ZÜLFİKÂR	Aga bunlar var ya. Nefretten besleniyorlar. Biz şimdi toplumca birbirimizden nefret ediyoruz ya. Bu kime yarıyor? Dünyanın efendilerine yarıyor.
SEFER	Bütün dünyayı birbirine kırdırdılar. Memleketi de böyle bok gibi bıraktılar.
ZÜLFİKÂR	Biz böyle birbirimizden nefret ede ede ede... Döndük yamalı bohçaya... Hepsi bu küreselci ipnelerin başının altından çıkıyo.
SEFER	Bok çıkıyo. Sen niye geliyon ki tufaya! Gelme! Nefret etme. Uyanık ol! Boz tezgâhını! İngiltere niye birbirine girmiyo da sen giriyorsun! Almanya niye girmiyo! Uyanık değiliz aga! Milletin dilinde laf! Dış mihraklar! Dış mihraklar! Babayı dış mihraklar...
ZÜLFİKÂR	Sen de haklısın da şimdi...
SEFER	Haklıyım tabi! Adam düşmanlığını yapacak. Sen bırakma elini komşunun! Bi halt yiyemez! İnadına kardeşlik et! İnadına sev! İnadına paylaş! İnadına sahip çık! Göreyim o küreselcileri!
ZÜLFİKÂR	Tamam haklısın da... Bi küresel tezgâh da yok değil yani... "Ay hev e drim" hacı! Bir ülke düşün. El ele vermişiz. Dostluk kardeşlik almış başını gitmiş.

SEFER Türkü Kürdü tek vücut olmuşuz...

ZÜLFİKÂR Alevisi Sunnisi...

SEFER Ermenisi Rumu...

ZÜLFİKÂR Dinlisi dinsizi...

SEFER Lazı Çerkezi...

ZÜLFİKÂR Fenerlisi Gassaraylısı...

SEFER Peeeeh! Al sana süper gücü!

ZÜLFİKÂR Ya yemişim süper gücünü! Mutlu olalım yeter! Ben bu ülkeye çok üzülüyorum be aga. Yapılır mı lan bu bize? Canım ülkeye yapılır mı lan?

SEFER Hacı diyom sana! Almıyo kalın kafan! Onlar yapmıyo, biz yapıyoz ne yapıyosak!

Biliyor musun babam imamdı benim.
Ermeni bi terzisi vardı. Cemaat bi gün söylenmiş.
"Elin gâvuruna cübbe diktiriyorsun" diye.
Babam da kızmıştı onlara.
"Emanet dediğin ehline verilir" demiş.

BAHRİ

Dünyada sahte olmayan tek şey,
bir erkeğin gözyaşlarıdır.
Bunu bilecek kadar uzun yaşadım.

BAHRİ

Haddini aşıyorsun. Haddini aşana haddini bildirmek
kırk yetime kaftan giydirmek gibidir derler...

BAHRİ

Dünyayı erkekler yönetir. Kadınlar daha akıllıdır.
Onlar sadece erkekleri yönetir.

BAHRİ

SİNAN	Hayat bazen ne kadar zor ya Ayşegül Abla?
AYŞEGÜL	Hayat zor değil be Sinan. Biz beceriksiziz.
SİNAN	Çocukken her şey daha güzeldi.
AYŞEGÜL	Çocukken mi? Ne zaman yani?
SİNAN	İşte birkaç ay önce.
AYŞEGÜL	Sinancım, sen hâlâ çocuksun.
SİNAN	Maalesef...

POYRAZ	Benim kalbim bi Sinan bir de Ayşegül diye atıyor.
BEGÜM	Bi zamanlar sadece benim için atıyordu...
POYRAZ	O yanlış alarmdı...

❖

TAŞKAFA	Bilemedim ya benim tipim değil.
ZÜLFİKÂR	Biliyorsun di mi? Bu dünyada senin tek tipin var, o da kutup ayısı.

❖

POYRAZ	Şimdi kalbimi kırdın işte.
AYŞEGÜL	Kırık değil çıkıktır o. Kırık olsa duramazsın.
POYRAZ	Yakından bakmak ister misin?
AYŞEGÜL	Anlamadım. Neye bakıcam?
POYRAZ	Kalbime. Artık kırık mı çıkık mı? Patlak mı yanık mı? Baksana nasıl atıyor.
AYŞEGÜL	Korkudandır o.

❖

ÇİĞDEM	O kızla mutlu olamazsın Zülfikâr.
ZÜLFİKÂR	Mutlu olacak olsak âşık olmazdık.

POYRAZ	Sizin Sema'yla nasıl gidiyor?
SEFER	Sen mi söyledin lan?
ZÜLFİKÂR	Yok be ne söyleyecem.
POYRAZ	Kimsenin söylemesine gerek yok ki... Anlaşılıyor yani.
SEFER	Yapma ya. Öyle mi diyorsun? Baba bizim iş yaş ya... İmkânsız yani.
POYRAZ	Ne kadar imkânsız. 1'den 10'a kadar bi rakam versen mesela... Ne kadar imkânsız?
ZÜLFİKÂR	1'den 10'a kadar?
POYRAZ	Evet.
ZÜLFİKÂR	140.
SEFER	Ulan seni de arkadaş diye yanımızda gezdiriyoz be!
POYRAZ	Lise sondayken bir kıza âşık olmuştum. O zaman bir algoritma geliştirdim.
SEFER	Neyy?
POYRAZ	Birtakım varsayımlar. Verileri giriyorsun ve aşkın imkânsızlığını ölçüyorsun. Ben buna İmkânsız Aşk Algoritması diyorum. Bi kâğıt kalem alabilir miyim? Bana Sema'yı anlatın.
SEFER	Cinstir biraz.
ZÜLFİKÂR	Süper açıkladın. Ne bilmek istiyorsun?
POYRAZ	Ailesi mesela...
TAŞKAFA	O iş karışık biraz.
SEFER	Usta, bunun babası savcıymış. Sema 6 yaşındayken öldürülmüş.

ZÜLFİKÂR	Hem de Sema'nın gözü önünde öldürmüşler. Kız daha 6 yaşındaymış ya...
POYRAZ	Hadi ya? Saldırgan yakalandı mı?
TAŞKAFA	Evet abi. Hâlâ içerde herif.
SEFER	Sema'nın babası da Bahri Baba'nın yakını çok. O büyütüyor, o okutuyor Sema'yı.
TAŞKAFA	Yalan yok. Ayşegül'den de Sadreddin'den de ayırmadı bir gün.
ZÜLFİKÂR	Ama Sema hep bir şeylerden şüphelendi. Takıntı oldu kıza. Hâlâ ara ara tek tek dosyaları okur inceler filan...
POYRAZ	Anlaşıldı. Şimdi soruyorum abi. Ekonomik durumun?
SEFER	Ekonomide bi sıkıntı yok Allahıma şükürler olsun.
POYRAZ	Tamam güzel. Eğitim. Önce Sema?
GÖKALP	Galatasaray Lisesi dereceyle mezun. İstanbul Hukuk dereceyle mezun.
ZÜLFİKÂR	Fransa'da Sorbon'da da yüksek lisans.
POYRAZ	Sen abi?
SEFER	Endüstri Meslek. Terk.
ZÜLFİKÂR	O, dereceyle mezun...
POYRAZ	Olsun abi. Yabancı dil?
TAŞKAFA	Sema'da Fransızca İngilizce anadil gibi. Biraz İtalyanca az Almanca.
POYRAZ	Yuh. Sende abi?
SEFER	Yaz İngilizce yaz.

ZÜLFİKÂR Lan nerde sende İngilizce?

SEFER İngilizce dediğin nedir ya? İt iz e pensıl. Dis is e vindov. Bu! Kapalıçarşı'da kuyumcuda çalıştım altı ay. Var o kadar. Orta yaz sen.

TAŞKAFA Abi ya. Bunları not alabiliyor muyuz?

POYRAZ Al ya... Bak keyfine. Son olarak hobilerin?

SEFER Kitap okumak... Ne gülüyon lan. Bari gömün beni. Senin verdiğin kitabı okumadık mı?

ZÜLFİKÂR Hangisi?

SEFER Şu solcuların piri olan. Hani evliya gibi tipi var.

ZÜLFİKÂR Karl Marks mı?

SEFER Yok öteki. Sakallı olan.

ZÜLFİKÂR Engels?

SEFER Hee işte o. Lan o ne sıkıcı kitaptı ya!

POYRAZ Bak abi. İmkânsız Aşk Algoritmasına göre bi şansın var.

SEFER Hadi ya? Kaçta kaç?

POYRAZ Yüzde iki buçuk.

SEFER Al bi de utanmadan gömdün beni. Bak şansım varmış işte.

TAŞKAFA Abi Polyanna'yı dağa kaldırmışlar; ohh, demiş dağ havası iyi geldi. Seninki biraz o hesap oldu.

POYRAZ Yok usta. Çözülür bu iş. Ayarlarız. Sen bana güven. Zor ama başarırız.

SEFER Aslansın be Poyraz.

POYRAZ Senin hayatını benden başka kimse kurtaramaz Ayşegül.

AYŞEGÜL Ne yani orda cayır cayır yansa mıydım?

POYRAZ Ben yanardım. Madem beni Ayşegül kurtarmıyor. Yakın lan beni derdim.

AYŞEGÜL Atma be Poyraz.

POYRAZ Atarım Ayşegül. Senin etrafında erkek sinek bile dolaşmayacak!

AYŞEGÜL Bak benle maço maço konuşma, şaka maka dinlemem alırım ayağımın altına. Kıro musun sen ya!

POYRAZ Kıroyum magandanın önde gideniyim. Var mı?

BAHRİ	Hayırdır?
SEMA	Sefer ve Zülfikâr... İkisi de çok üzgün.
BAHRİ	Zaten üzgün olmaları lazım.
SEMA	Affetmeyecek misiniz?
BAHRİ	Rahmetli annem halıları nasıl temizlerdi biliyor musun?
SEMA	Nasıl?
BAHRİ	Asardı yüksek bir yere. Sonra başlardı vurmaya... Saatlerce. Vura vura çıkarırdı tozunu.
SEMA	Anladım... İyi geceler.

Ne de olsa
hepimiz insanız

POYRAZ Yemek güzel olmuş valla... Kekik mi attın bunun içine?

AYŞEGÜL Evet. Beğendin mi?

POYRAZ Şahane olmuş.

AYŞEGÜL Afiyet olsun.

POYRAZ Yalnız seni bir gün bi yere götürücem. Adamlar bi et yapıyor. Aklını çıldırırsın...
(iç ses) Aklımızı daha ne kadar çıldırabiliriz acaba? İşte burdan karşılıklı oturmuş, tüm yaşananları inkâr ediyoruz. Gözlerimiz birbirine değmesin diye uğraşıyoruz. Ben her zamanki gibi sadece konuşmuş olmak için nasıl zavallıca çırpınıyorum...

AYŞEGÜL Tamam gidelim. Götür bir gün.

(iç ses) Götür beni Poyraz. Burdan çok uzaklara götür. Güneşin hiç batmadığı... Müziğin hiç susmadığı o masal diyarlarına götür. Karnımda kelebekler uçuşsun.

POYRAZ Ohoo daha ne yerler var...

(iç ses) Sahiden ne yerler var Ayşegül? Cehennemin dibi var mesela. Seni bi oraya götürmedim. Ben gittim gördüm, sen de çok seversin. Orda acılar acı gibi yaşanıyor hiç değilse. Kimse rol yapmıyor. Efendi gibi kaynar kazanın içinde acını çekiyorsun...

AYŞEGÜL Çok mu tuzlu olmuş? Bana biraz tuzlu geldi... Sanki iyi pişmemiş...

(iç ses) Konuşmak hiç bu kadar ağır gelmemişti be Poyraz. Varlığım böyle bir yük olmamıştı kusura bakma. Aklımı kadınlığıma katıp köhne bir depoda bir masada bıraktım. Saçmalarsam hoş gör.

MELTEM Buranın da kendince bi raconu var.

ZÜLFİKÂR Biliyorum, farkındayım. Ama bu gecelik be gülüm.

MELTEM Bi de öyle gülümlü filan konuşmazsan çok iyi olur.

ZÜLFİKÂR Ne diyek la! Kaktüs mü diyek?

MELTEM Başkan illa bir şey demek zorunda mısın?

ZÜLFİKÂR Tamam ya bir şey demiyoz.

ADİL TOPAL — Özlemişim... uzun zamandır kanım akmamıştı. Bu duyguyu özlemişim... Hiç vuruldun mu İhsan?

İHSAN — Yok.

ADİL TOPAL — Bambaşka bir duygudur... Sen korkmasan bile bedenin korkar. Elinde değildir.

❖

AYŞEGÜL — Yoksa beni etkilemeye filan mı çalışıyorsun?

POYRAZ — Seni etkilemek isteseydim şimdi yatağında uzanmış sigaramı içiyor olurdum.

❖

POYRAZ — Aslında en güzeli gençken ölmek Albayım. Kirlenmeden... Hayat sana kötü yüzünü göstermeden ölmek. Di mi Albayım?

CEVHER ALBAY — Yaşamak insana daha çok yakışıyor be Poyraz.

POYRAZ — Ben hariç Albayım. Hayat beni belden sıkıyor. Bedenime göre bi hayat bulursam ben de yaşamak istiyorum aslında...

SEFER Bak Sema. Kıvırmadan soruyorum. Peki biz n'olucaz? Bu gidiş nolucak?

SEMA Biz ne zaman biz olduk ki? Ben kaçırmışım.

SEFER Bak kızım. Aha buraya yazıyorum. Ben senden vazgeçmem. Yüz bin yıl kaç, yüz bin yıl peşindeyim. Ama dersen ki benim gönlüm başkasında. O zaman tak sepeti koluna herkes kendi yoluna demeyi de biliriz evelallah. Ama onu da demiyorsun.

SEMA Bilmiyorum Sefer, bir şey var. Adını koyamıyorum.

SEFER Bizde bi yamuk görüyorsan söyle düzeltelim. Tamam kızım, cahilin cühelanın tekiyiz, aslımızı mı inkâr ettik. Ama bak, bu burda bi yürek var bin tane kütüphane yüz tane diploma eder. Bizim de sermayemiz bu.

SEMA Ondan şüphem yok. Bana biraz daha zaman ver.

SEFER Zaten öldün diye aklım çıktı. Zaman yok anladım ben bugün.

POYRAZ Başımıza ne gelirse gelsin sonsuza kadar seni sevicem ben...

AYŞEGÜL Hani sonsuzluk seni korkuturdu?

POYRAZ Beni korkutan belirsizlik. İnsanın ağzından çıkan her sesin sonsuza kadar yankılandığını biliyor muydun?

AYŞEGÜL Yoo...

POYRAZ Öyle. Şimdi burda sana "Seni seviyorum" dediğimde bu ses sonsuza kadar tüm evrende yankılanacak. Bu da seni sonsuza kadar seveceğimin ispatı. Tamam, belki ben göremeyeceğim ama öyle...

AYŞEGÜL Sevdim bu teoriyi... Sonsuza kadar sevilmek güzelmiş...

POYRAZ Çok daha fazlasını hak ediyorsun...

ADİL TOPAL	Düşmanın mı var bu dünyada. Sevmeyeceksin kimseyi...
BAHRİ	Burda öldüreyim seni sen de kurtul, ben de. Ne diyorsun?
ADİL TOPAL	Senin ölmeni istesem kemiklerin bile erimişti şimdiye... Yoook. Ben yaşamanı ve ıstırapların en büyüğünü çekmeni istiyorum.

BAHRİ Ulan az daha benim için canından oluyordun.

SEFER Benim senden başka canım yok baba.

❖

YAŞLI TEYZE Evladım sen bu kıza ne yaptın?

POYRAZ Önce kalbini kırdım. Sonra kalbini bir daha kırdım... Şimdi o kırıklar kaynamıyor teyze.

❖

SEMA Ne oldu neyin var senin? Sesin kötü geliyor.

AYŞEGÜL İyiyim ya.

SEMA Poyraz mı?

AYŞEGÜL Bu seferki Karayel.

❖

SİNAN Kötüsün di mi? Ne oldu? Ayşegül Abla mı?

POYRAZ Yok ya. Televizyonda karaya vuran balinaları gördüm, ona canım sıkıldı.

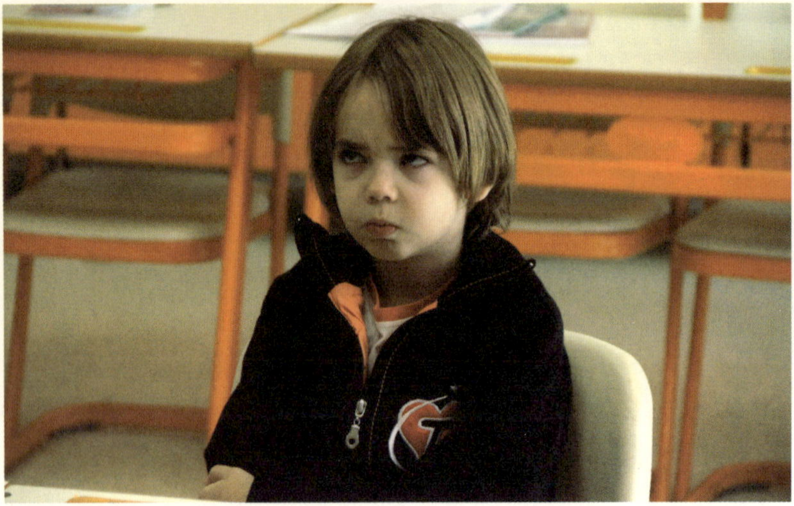

SİNAN	İçim yanıyo Mert, içimmm...
MERT	Abi resmen beraber gazoz içiyorlar.
SİNAN	Ne olmuş ki?
MERT	Abi beraber gazoz içmek bu işlerin son noktasıdır. Bunlar büyünce evlenir, ben sana söyleyeyim.
SİNAN	Ya dur, içim daralıyo zaten.
MERT	Böyle durmakla olmaz bu iş.
SİNAN	Ya napıcaz? Kavga etmeyelim yine.
MERT	Abi, sen Poyraz Abi'nin oğlu değil misin? Çek bi numara al Pelin'in aklını.
SİNAN	Babamda ses var abi. Sıkıştı mı patlatıyo bi şarkı. Bizde yok ki!

ZÜLFİKÂR Ne oldu lan?

TAŞKAFA Abi Sema... Sefer Abi'ye... Arkadaş ayağı çekmiş.

ZÜLFİKÂR Hadi bee...

SEFER Özür dilemeye gittim. Bağırdım ya burda. Onun için.

ZÜLFİKÂR Çiçek filan da alsaydın bari.

SEFER Portakal aldım.

ZÜLFİKÂR Ne aldın?

TAŞKAFA Portakal, mandalina... Bi de kivi.

ZÜLFİKÂR Hasta ziyareti mi lan bu! Bi de limon kolonyası alsaydın! Arkadaş ayağı çeker tabii.

SEFER Ya oğlum dur hatırlatma! Allah kahretsin ya! Elimde çiçekle nasıl gezeyim oğlum ben! Allah Allah! Söz kesmeye gider gibi.

MELTEM Abi... Duyuyor musun beni?

POYRAZ Duymuyorum Meltem. İçimdeki öfke bütün sesleri bastırıyor. Hayatımda hiç bu kadar nefret etmemiştim kendimden. Bu kadar ölmek istememiştim hiçbir zaman. Ayşegül can çekişirken yaşamak nasıl bir şey biliyor musun? İnsan yaşadığından utanır mı, ben utanıyorum. İnsan ölmediğine utanır mı ya? Ben utanıyorum işte... Hiçbir şey olmasa pişmanlığımdan, utancımdan ölmeliyim ben. Kalbim birden durmalı. Doktorlar son anda yetişmeliler. Acil müdahalede bulunmalılar mesela... Solunum cihazına bağlamalılar ama fayda etmemeli... Son çırpınışlar da fayda etmesin Meltem. Ölüp geberip gideyim ben...

POYRAZ Tamam da ben mutsuzum... Baban hiç mutlu olmasın mı?

SİNAN Babalar mutlu olmaz ki... Onlar hep başkalarını düşünür.

POYRAZ Sen de haklısın. Zaten mutluluk bana hiç yakışmıyor.

❖

SONGÜL Hasan koydu ya! Köylü ismi gibi. Yağmur koyacaktım ben.

SADREDDİN Yağmur diye çocuk adı mı olur lan! Saçmalama! Dedesinin adını aldı işte çocuk.

SONGÜL Hasan göbek adı olsun. Hasan Yağmur koyalım.

❖

POYRAZ Bazı cevaplar Ayşegül, bazı sorulara çare olmuyor. Tamam, sorular olsun ama şıkları da olsun. En azından sallayabilelim. Mesela aşağıdakilerden hangisi Ayşegül'dür? Ne güzel soru işte. A. Uludağı. B-Bor minarelleri.

AYŞEGÜL N'olur korkutma beni...

POYRAZ Korkutucam Ayşegül! Herkesi korkutucam! Hep ben mi korkucam. Biraz da siz korkun...

POYRAZ Konumuz ne?

SİNAN Cumhuriyetimizin en büyük şeyleri?

POYRAZ Neyleri?

SİNAN Ya biz geri kalmışız ya. Cumhuriyeti kurunca hani sonra şey olmuş... İlerlemişiz. En önemlisi hangisi mesela diyor.

POYRAZ Ne yazdın?

SİNAN İşte demokrasi geldi. Padişahlık gitti falan. En önemlisi hangisi bunun?

POYRAZ En önemlisi miladi takvimin kabulü.

SİNAN Neden?

POYRAZ Neden çünkü... Biz hicri takvim kullanıyorduk. Yani 1300'lü yıllardaydık. Sonra takvim değişti. Bi sabah bi kalktık. 20. yüzyıldayız. Şimdi bi gece de 600 sene ilerlemişsin. O kadar yıl gelmişsin. Fesle dolaşmak olur mu? Olmaz. Tak! Şapka kanunu çıkarıyorsun. N'apıyorsun? Böyle böyle ilerliyorsun. İşte miladi takvim olmasa şimdi hâlâ 15. yüzyıldaydık. Acayip geri kalmıştık. O yüzden diğerleri sonra geliyor. En önemlisi bu.

DESPİNA Ya size kötü bir şey yaparlarsa?

BAHRİ Mezar taşlarına "Yanlış adama bulaştılar" yazarız. Sorun yok.

SEFER Usta bu arada Şeytan'ın en büyük hilesi ne biliyor musun?

ZÜLFİKÂR Ne dedem?

SEFER Ya yıllar evvel "Şeytan'ın Hileleri" diye bi kitap okumuştum, orda yazıyordu da. Hatırlayamadım şimdi.

TAŞKAFA Ulan ben de aforizmal bir laf geliyor zannettim.

SEFER Lan bu denyoya da laf beğendiremiyoruz ha.

AYŞEGÜL Bazen canım ne istiyor biliyor musun?

POYRAZ Ne?

AYŞEGÜL Sabaha kadar dans etmek, müzik olmasa da...

POYRAZ Bizim dans etmek için müziğe ihtiyacımız yok Ayşegül. Senin için çarpan kalbim müzik olarak ikimize de yeter.

AYŞEGÜL Vaaay...

SONGÜL	Ne lekesi bu?
SADREDDİN	Kan lekesi.
SONGÜL	Atma be ruj lekesi bu. Dün gece baya eğlenmişsin anlaşılan.
SADREDDİN	Çok eğlendik, evet. Senin olmadığın her yerde eğlenebiliyorum ben.

❖

SEMA	Bir mezarı olsaydı bari... Arada bi gidip dertleşeceğim yeri yurdu olsaydı keşke...
BAHRİ	Onun bi yurdu var. Âşıkların mezarı sevdiklerinin kalbidir kızım. Onun yeri yurdu sensin. Bırak mezarı olmasın. Bırak yaşasın gönlünde...

❖

BEGÜM	Yanlış zamanda mı geldim?
AYŞEGÜL	Dünyaya mı? Bilmem.
BEGÜM	Poyraz'la fazla vakit geçiriyorsun galiba. Onun gibi konuşmaya başlamışsın bile.
AYŞEGÜL	İnsan sevdiğine benziyor ister istemez.

POYRAZ	Ayşegül Albayım... Hayatın diğer adı... İşte bıraktı gitti beni.
CEVHER ALBAY	Haksız mı evladım?
POYRAZ	Haksız Albayım... Kimse bırakıp gitmemeli beni. Kimsenin böyle bi hakkı olmamalı.
CEVHER ALBAY	Ne kadar huzurluydu gördün gözlerinle...
POYRAZ	Kör olaydı gözlerim Albayım... Görmeseydim keşke. Ayşegül Çilingir. Otuz yaşlarında... Bensiz ve huzurlu. Tarih kitaplarına kara bir leke olarak geçsin bugün.
CEVHER ALBAY	Sen de bir gün huzur verseydin kıza olmazdı böyle...
POYRAZ	Olurdu Albayım. Dünyanın bütün huzurunu paket yapıp getirsem, yine kabahatli ben olurdum. Hiç mi tanımadın beni?
CEVHER ALBAY	Tanımadım evladım...
POYRAZ	Tanımadın Albayım... Senin yüzünden haritalarda nokta büyüklüğünde... Bayrağı belirsiz, başkenti tanımsız... Tanınmayı bekleyen bir Afrika ülkesi gibi kalakaldım.

SONGÜL	Sadreddin'i bu halde bırakmayayım ya.
SADREDDİN	Bırak bırak. Sen keyfine bak. Bol bol eğlenin. Çok için. Öyle ki evin yolunu bulama Songül.
SONGÜL	Çok adisin Sadreddin.

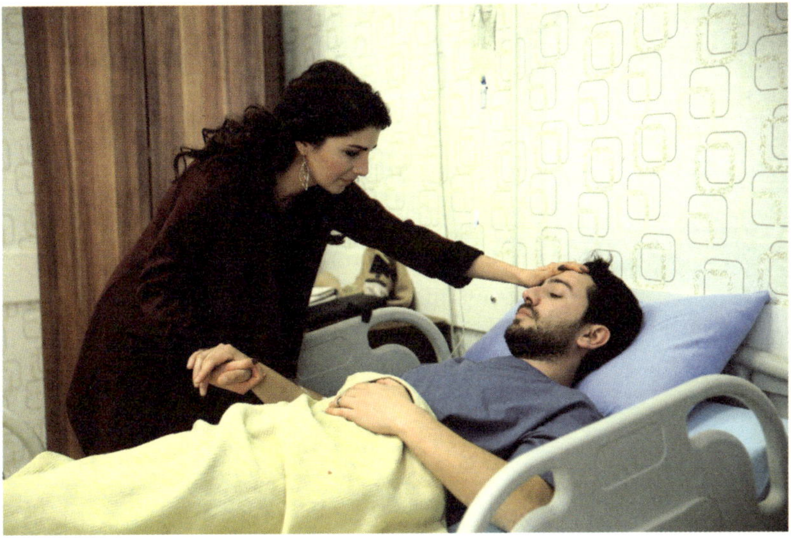

ZÜLFİKÂR	Hayatımızda artık bi Sema yok yani.
SEFER	Yok aga. Ben de mümkünse bitkisel hayata filan giricem.

POYRAZ Suçun neydi senin?

MAHKÛM Saz çalmak.

POYRAZ Ulan bunu çalsan n'olur? Yüz, iki yüz liralık şey bu. Araba maraba çalaydın bari.

MAHKÛM Yok abi, öyle değil. Düşünce suçlusuyum ben.

POYRAZ Tutuklanacak kadar ne düşündün çok merak ediyorum.

MAHKÛM Özgürlük türküleri söyledim abi... Herkes için adalet, eşitlik diledim. Barış şarkıları söyledim... O yüzden yani...

MAHKÛM 2 Lan bırak artis artis konuşma! Karaborsacılıktan girdi bu abi... Sahte bilet basıp satıyordu.

MAHKÛM Ne yani karaborsacı bi insan özgürlük hayali kuramaz mı? Eşitlik adalet isteyemez mi?

POYRAZ Ne özgürlüğü ya! Hayır, burdan çıkıp özgür olsan ne olacak. Cilt cilt roman mı yazıcan? Atomu mu parçalayacaksın. Ne yapıcan ne? Ben seni biliyorum. Çıktığın ilk gün gidip kahvede pişpiriğe çökeceksin! Bir de altılı kuponu yaparsın.

MAHKÛM Bi de tutuyormuş...

POYRAZ Hah işte o zaman bittin sevgili mahkûm kardeşim. Hemen parayı Rus hanım kızlarımızla eritme operasyonu başlar.

MAHKÛM 2 O kadar para da başka türlü bitmez şimdi. Bi yerde global bi yatırım sayılır.

POYRAZ Dinleyin beni sevgili mahkûm kardeşlerim! Size özgürlüğü anlatıcam! Sevgili mahkûm kardeşlerim! Size özgürlük nedir diye sorduklarında deyin ki: "Birader yok öyle bir şey."

MAHKÛM Nasıl yok ya?

POYRAZ Kardeşlerim hepimiz mahkûmuz! Adına dünya denilen bu çukurda beden denen zindana hapsedilmiş bulunmaktayız! Ruhları özgür olmayan zavallı bizlerin bedenleri özgür olsa ne olur! Şimdi bize özgürlük satıyorlar! Yüzde 20 indirimler yapıyorlar! Kredi kartına 4 taksit bile yapıyorlar! Hani nerde o özgürlük! Hangi tasın altında! Ne yapınca tam olarak özgür olmuş bulunuyoruz! Söyleyin bana!

MAHKÛM 2 Abi şimdi dışarıda Boğaz'da oturmuşsun. Rakını açmışsın balığın gelmiş.

POYRAZ İşte bir zavallı ruh daha! İşte Türk tipi bi özgürlük hayali! Maalesef sevgili mahkûm kardeşlerim. Hep aynı yerden gol yiyoruz. Soyut düşünemiyoruz. Akıl denen bu örümcek ağına yakalanmış bulunup çırpındıkça daha da dolanıyoruz! Gelin el ele verelim, biraz da soyut düşünelim! Rakamların dilini bilir misiniz? Hiç düşündünüz mü, iki iki daha neden dört eder diye? Düşünmediniz. Aslında iki diye bir şey yok. Aslında dört de yok. Anladınız mı?

MAHKÛM E bu iyiymiş. O zaman 14 de yok.

POYRAZ Yok tabii.

MAHKÛM O zaman biz niye yatıyoruz burda? Çıkarsınlar bizi.

POYRAZ İşte Türk tipi faydacılık kardeşlerim. Saksıyı çalıştırdı ama bu kadar. Sonra diyor ki özgür olucam. Aklın esir, ruhun köle, hayallerin mahkûm. Sen mi özgürsün! Lan kendinize gelin be kendinize! Adamı deli etmeyin! Kime ne anlatıyorum ben! Kandırılıyoruz! Özgürleştikçe köleleşiyoruz! Cep telefonlarınız, akbilleriniz, internetiniz var. Algınız yerle yeksan! Adına teknoloji denen uyuşturucunun müptelası olmuşsunuz! Filmleriniz pespaye! Romanlarınız barkodlardan ibaret! Şiirleriniz plastik!

MAHKÛM Ya bu yeni gelen adama bi bakın, bir şey oldu buna.

POYRAZ Benim güzel mahkûm kardeşim! Benim koğuş arkadaşlarım! Kader ortaklarım!

MAHKÛM 3 Gardiyaaan! Gardiyaaan! Kesecek bu bizi ya alın şunu! Delirdi bu iyice gitti!

POYRAZ En acıklısı da ne biliyor musunuz? Köleleşiyorsunuz! Ama köleleştikçe kendinizi daha özgür hissediyorsunuz! İşte bugün burda toplanmamızın sebebi! Gerçek özgürlük burda kardeşlerim! Kalbinizde! Hayallerinizde! Ne duvarlar ne parmaklıklar sizi kandırmasın! Hepsi yalan! Kanmayın bunlara! Esas köleler dışarıda! Haberleri yok sadece!

Rüyalarımız var

SEMA	Artık burda kalabilirsin.
SEFER	Olur. Kanepeye kıvrılırım ben. Fazla eşofman altın var mı?
SEMA	Ayrı mı yatıcaz yani?
SEFER	Ya Sema. Bu kadar sıktık dişimizi... O şekil bize biraz ters biliyon mu? Öyle gördük biz. Ben kanepede takılayım.
SEMA	Âşık değil misin bana?
SEFER	O nasıl söz kız? Bilmiyon sanki...
SEMA	Eee?
SEFER	Aşkla bunun ne alakası var? Aşk, iki gönül arasında olur, iki beden arasında değil.
SEMA	Bu gece çok Bahri Umman gördüm seni.

SİNAN	Sevmiyorlar merkez! Böyle hayat mı olur ya!
TELSİZ	Lütfen telsizi gereksiz yere meşgul etmeyelim.
SİNAN	Sevmiyorlar merkez! Duyuyor musun?
TELSİZ	Kodun kaç senin!
SİNAN	Ne kodu ya? On!
POYRAZ	Merkez tamam. Telsizdeki benim oğlan. Poyraz Karayel ben.
TELSİZ	Amirim olmuyor böyle, lütfen telsizlere sahip çıkalım.
SİNAN	Bir mendil gibi kullanılıp köşeye atıldım merkez! Duyuyor musun?
POYRAZ	Oğlum kapatsana telsizi! Telefonun yanında değil mi?
SİNAN	Anlaşılmadı anlaşılmadı!
AYŞEGÜL	Delirdi mi bu ya! Eyvah eyvah!
POYRAZ	Bak geliyorum oraya, nerdesin! Konum bildir!
SİNAN	Destek istemiyorum merkez! Ben hallederim!
POYRAZ	Oğlum bak kızıyorum!
SİNAN	Kızıyorlar merkez!

Bizim çıkamayacağımız tek yer toprağın altı.
Gerisi hikâye...

BAHRİ

Ben hayatım boyunca kimseyi tehdit etmedim.
Çünkü kimse o kadar ileri gidemedi.

BAHRİ

Sen artık bi ölüsün Zafer... Ben ölülerle konuşmam.

BAHRİ

Seni öyle bi öldüreceğim ki...
Yıllarca efsane gibi anlatılacak...

BAHRİ

Altmışımı geçtim. Dışarda insanların benim için ne konuştuğunu biliyorum! Acımasız derler mesela... Onlara kızamam. Bir zamanlar öyleydim. Öyle olmak zorundaydım. Başka bir sürü şey daha derler! Varsın desinler. Ama bir şeyi hayatım boyunca dedirtmedim kendime: "Bahri'ye güven olmaz." Ben bu lafı asla dedirtmedim kendime. Bazıları korktu benden, bazıları nefret etti, bazıları sevdi. Ama herkes... Herkes güvendi bana. Verdiğim sözleri canım pahasına tuttum.

BAHRİ

POYRAZ Bazen bi rüya görürsün... Böyle bi kuyunun dibindesin... Bağırıyorsun, çıkmıyor sesin... Ya da ne bileyim... Birine koşuyorsun ama koştukça uzaklaşıyorsun... Belki bi uçurumdan aşağı düşüyorsun... Düştükçe korkun artıyor... Kalbin yerinden çıkacak gibi atıyor.. Yaklaşıyorsun, çarpacaksın... Neye çarpacağını da bilmiyorsun... Tam düştüm derken fırlıyorsun yataktan...

İSA Oh be rüyaymış.

POYRAZ Hayatın ta kendisiymiş...

POYRAZ Beni bırakma Ayşegül... Beni bana bırakma... Ben bana bırakılmayacak kadar tehlikeliyim... Sen ellerimi tutmazsan dünya denen uçurumdan aşağı yuvarlanıp giderim ben... Parçamı bile bulamazsınız...

AYŞEGÜL Ben seni bırakmam... Bırakmaya hevesi olan sensin...

POYRAZ Allah cezamı versin... Sen içinde koca bir cehennemle yaşamak nasıl bir şey bilmiyorsun...

AYŞEGÜL Biliyorum. En az senin kadar biliyorum...

POYRAZ Attığım her adım bana bi yanlış olarak dönüyor Ayşegül. Bak şimdi burda can çekişiyorum... Acıklı sesler çıkarıyorum... Sırf sen beni kendi halime bırakma diye... Yalvarıyorum... Ayşegül, evet. Sana yalvarıyorum. N'olur elimi bırakma... Beni öldür istersen ama bırakma... Hatta öleceksem senin elinden öleyim istiyorum... Başkasına bırakma...

ZÜLFİKÂR	Ya boş ver şimdi...
MELTEM	Anlat ya ne oldu?
ZÜLFİKÂR	Konuşuruz sonra. Hadi sen hazırlan da çıkalım.
MELTEM	Başkan anlat işte...
ZÜLFİKÂR	Ya yok anlatacak bir şey.
MELTEM	Ya çok uyuzsun! Anlatsana!
ZÜLFİKÂR	Ya başlıyıcam ha! Anlat anlat anlat! Bozuk plak gibi takıldın! Taktın mı takıyon sen de ha!
MELTEM	Tamam başkan, ne kızıyon! Belki anlatmak istersin diye! Anlatmak istemezsen anlatma. Ama anlatmak istersen dinlerim yani...
ZÜLFİKÂR	Ağzından bir daha "anlat" kelimesi geçen bi cümle çıkarsa seni şu kum torbasına bağlarım.
MELTEM	Aman tamam ya. Anlatmazsan anlatma!

İSA Poyraz Abi, hazır gelmişken şu Fetret Devri'ne bi el atar mıyız?

POYRAZ Ne Fetret Devri İsa?

İSA Yıldırım Beyazıd'ın oğulları arasında cereyan eden. Hadi be abi.

POYRAZ Yaz. Fetret Devri. Padişahların oğulları arasındaki taht kavgasına... Fetret Devri denir.

İSA Hee. Böyle Game of Thrones gibi mi?

CEVHER ALBAY O ne oğlum?

İSA Dizi dizi. Yabancı dizi.

BEGÜM Bilmediğiniz de yok valla.

POYRAZ Sultan I. Poyraz Çelebi yakışıklı atletik vücutlu karizmatik bir liderdi. Kendisi yaş haddinden dolayı padişahlıktan emekli olunca üç oğlu kavgaya tutuştu. Biri dedi efendim "Babamın üç aylığını ben alıcam." Öbürükü "Ben büyük abiyim" dedi, "Ganyan bayii açıcam." Açarsın-açamazsın tutuştular kavgaya.

İSA Kardeş kardeşe bunu yapar mı ya? Bi üç aylık için?

CEVHER ALBAY Oğlum ne üç aylığı! Koskoca Osmanlı tahtından bahsediyoruz burda. Bakmayın siz buna! Sallıyor!

POYRAZ Kardeş kardeşin ne öldüğünü ne onduğunu istermiş İsa.

Hangi gerçek bi yalandan daha fazla canını acıtır.

POYRAZ

Rahmetli babam
"İstersem dilimi, reddedersem elimi kessinler" derdi.
Kimseden kendim için bir şey istememeyi ondan öğrendim.

BAHRİ

Tehdit bi zayıflık göstergesidir.

ADİL TOPAL

Ne büyük nimet be unutmak...
Benim unutmak istediklerim, hatırlamak
istediklerimden fazladır.

SEFER

Sen nesin biliyor musun! Bir girdapsın Poyraz.
Senden kaçmaya çalışanları içine çekip sonra derinliklere boğulmaya bırakan bir girdap! Ama olan sana değil, seni sevenlere oluyor. Çaresiz, havasız biz kalıyoruz geride!

AYŞEGÜL

ZÜLFİKÂR Ben bu konsomasyon olayına karşıyım agalar. Kadın bedeni sömürüsü üzerine kurulan bi düzen Zülfikâr'a son derece terstir. Hele ki parayla yapılması.

KIZ Merhaba. Bıyıklar güzelmiş.

ZÜLFİKÂR Sendikan var mı senin?

KIZ Sendika?

ZÜLFİKÂR PAV-İŞ? PAV-SEN? Pavyon çalışanları sendikası diyorum.

KIZ Ben bilmiyor öyle bir şey.

ZÜLFİKÂR Sovyetler niye yıkıldı ya? Söyle bana! Özgürlük dediler falan filan. Sonra serbest piyasa miyasa bi çaktılar fast-food'u. Koca ülke pert. Zaten bir ülkeye fast food girdiyse tamam artık, sen ordan hayır bekleme. Canım ülkeye sahip çıkamadınız ya la? Mihayliçenko diye topçu vardı yaşıyo mu o?

KIZ Sen ne anlatıyor. Anlamıyor ben.

ZÜLFİKÂR Dedem bu Moldovalıların da fizikleri baya iyi yalnız, şimdi haklarını yemeyelim.

SEFER Memlekette ne iş yapıyordun sen?

KIZ Ben fizik mühendisliği okudum.

ZÜLFİKÂR Hah bak, dedim sana. Fizik iyi abi. Kız okulunu bile okumuş.

BAHRİ Bak Poyraz. Ben sevmek nedir, aşk nedir, bunları bilmeyen bir adam değilim. Ama gelecektin karşıma delikanlı gibi “Ben kızınızı seviyorum” diyecektin! Biz de o zaman şapkamızı önümüze alıp düşünücektik! Senin yanlışın bir değil bin tane!

POYRAZ Diyemedik... olmadı... Her şey aniden gelişti! Hata yaptım biliyorum! Yanlış! Çok büyük yanlış yaptım! İsterseniz burda vurun öldürün! Ama bir şey değişmeyecek! Ben Ayşegül'ü sevmeye devam edicem!

POYRAZ İşte geliyor kara haber Albayım... Hissediyorum... Ey bu karanlık gece! Benden daha karanlık değilsin şu an! İçimden daha karanlık değilsin!

MELTEM Abi n'apıyorsun! Delirdin mi ya!

POYRAZ Bilmem delireyim mi?

MELTEM Delirme ya! Saçmalama! Ayşegül çıktı ameliyattan! Kurtuldu!

POYRAZ Yalan yok di mi sözlerinde! Bir tedirginlik var gözlerinde!

MELTEM Abi ne oldu ya! Şoka girdin içinden Şekspir mi çıktı! Bak vururum ıslak odunla kafana! Hasta etme beni! Hadi yürü...

ZÜLFİKÂR	Dedem?
BEKTAŞİ	Herkese dedem diye diye dedeyi buldun sonunda... Ayağını kesmiştin. Hayırdır?
ZÜLFİKÂR	Gelemedik be dedem...
BEKTAŞİ	Zannetme ki gelmezler, bilmezsin ki komazlar...
ZÜLFİKÂR	Sen nasıl dersen?
BEKTAŞİ	Anlat derdini...
ZÜLFİKÂR	Bizde dert çok.
BEKTAŞİ	Dert ehline derman yine derdindedir Zülfikâr.
ZÜLFİKÂR	En sevdiğimi kaybettim.
BEKTAŞİ	Ya yanlısı sevmişsin ya da sevdiğin yanlışmış.
ZÜLFİKÂR	Dedem ben anlamam öyle laflardan. Ver reçeteyi gideyim... Uğraştırma beni... Himmet et n'olur.
BEKTAŞİ	Önce hizmet, sonra himmet demişler.
ZÜLFİKÂR	Yok valla sen bizi yoracan ha! Düştüm bak düştüm... Sürünüyom diyom...
BEKTAŞİ	Nazarım ben de anlamam ki... Büyükler söylemiş, ona uyarım sadece...
ZÜLFİKÂR	Tamam ne demiş bu büyükler, bana da söyle...
BEKTAŞİ	Söyletirlerse söyleriz...
ZÜLFİKÂR	Dedem senin de her lafın da bi alengir... İyi ki imdada geldik...

BEKTAŞİ Neyzen Tevfik'i bilir misin?

ZÜLFİKÂR He biraz bizim meşrepten...

BEKTAŞİ Hadi be ordan. Sen kim o kim? Bak ne diyor al oku.

ZÜLFİKÂR Istırabın sonu yok sanma, bu alem de geçer /

Ömr-i fani gibidir, gün de geçer, dem de geçer / Gam karar eyliyemez hande-i hurrem de geçer / Devr-i şadi de geçer, gussa-i matem de geçer / Gece gündüz yok olur, an-ı dem adem de geçer.

BEKTAŞİ Devamını da oku...

ZÜLFİKÂR Bu tecelli-i hayat ask ile büktü belimi /

Çağlıysan gözyaşı mı, yoksa ki hicran seli mi? / İnleyen saz-ı kazanın acaba bam teli mi? / Çevrilir dest-i kaderle bu şu'unun fili mi /

Ney susar, mey dökülür, gulgule-i Cem de geçer.

BEKTAŞİ Geçer yani...

ZÜLFİKÂR Eyvallah sen de öyle diyorsan. Demek ki sahiden geçer...

BEKTAŞİ Bana müsaade... Beklerler...

ZÜLFİKÂR Esas bana müsaade...

BEKTAŞİ Kalp kırma, kalp... Her şey tamir olur, o olmaz. Kalp kırma...

ZÜLFİKÂR Eyvallah...

ZÜLFİKÂR	Günaydın gençler. Baba hepinizi bekliyor kahvaltıya.
MELTEM	Kahvaltı dediğin küresel sermayenin ittirdiği küçük burjuva özentisi bir şey. Kahvaltı neymiş?
ZÜLFİKÂR	Küresel mi dedi lan o?
POYRAZ	Heee. Yalnız hiç bulaşma. Senin bi gelişmiş modelin bu. Zülfikâr 2015. Es El İks.

❖

İSA	Taşkafa Abi, benim şimdi anneme sahip çıkmam lazım di mi?
TAŞKAFA	Sahip çıkmayacaksın. Destek olacaksın. Sen ona, o sana. Annen kendisine de sana da sahip çıkar, merak etme.

❖

POYRAZ	Arabada bir şey düşürmüşsün...
AYŞEGÜL	Hadi ya? Bu sefer ne düşürmüşüm?
POYRAZ	Kalbini...

SİNAN Alo?

POYRAZ Sinan... Benim baban.

SİNAN Hadi ya? Ben de tam sizi çok sevdim size baba diyebilir miyim, diyecektim...

POYRAZ Dalga mı geçiyorsun benle?

SİNAN Çok mu belli ettim? Baba nerdesin?

POYRAZ Oğlum, ben birkaç gün gizli bir görev için şehir dışına çıktım. Ulaşamazsan merak etme, tamam mı?

SİNAN Gizli görev mi?

POYRAZ Evet.

SİNAN Ya baba kimi yiyon sen? Başın belada di mi? Hapse filan mı girdin ne yaptın?

POYRAZ Kime çekti ya bu çocuk? Oğlum saçmalama ne hapsi? İşim var işte...

SİNAN Ama çok özledim ben seni. Bak arayı uzattın yine...

POYRAZ Tamam ya, en fazla 20-25 yıl. Taş çatlasa 30. Korkacak bir şey yok.

AYŞEGÜL	Aç mısın, bir şeyler hazırlayayım.
POYRAZ	Bazen bir soru ne kadar çok şeyi cevaplıyor...
AYŞEGÜL	Nasıl?
POYRAZ	Aç mısın diye sordun ya... Bu sorunun değerini anlatamam sana...
AYŞEGÜL	Ne var ki? Gayet normal bi soru?
POYRAZ	Normal değil işte... Seni seviyorum demenin bir başka yolu...

KIZ Senin karın da şeytanın yeryüzü şubesi galiba?

SADREDDİN Hayır, şeytan benim karımın öteki taraftaki şubesi!

❖

ADİL TOPAL Nasılsın oğlum?

POYRAZ Cesedine tükürünce daha iyi olucam.

ADİL TOPAL İşte bu. Benim oğlum böyle olmalı. Şiirler okuyan romantik bir gençten çok daha iyi.

❖

TAŞKAFA Oğlum o ayağındakiler ne lan? Adam gibi bi halı saha ayakkabısı alsaydın.

ZÜLFİKÂR Yok dedem almayayım ben. O ayakkabılar nerde üretiliyor biliyor musun? Çin'de. Vietnam'da. Tayvan'da. Aylığı 5 dolardan çocukları günde 20 saat çalıştırıp burda bize 300-400 kâğıda ittiriyorlar. Ben giymem öyle ayakkabı. Siz giyin. Al işte pazardan aldım, 25 kâğıt. Hem küreselcilere kaptırmadık parayı hem de pazarcı evine ekmek götürdü.

POYRAZ	Poyraaaz! Aç kapıyı! Benim ben! Yabancı değil! İkinci Poyraz!
CEVHER ALBAY	Evladım n'apıyorsun!
POYRAZ	Poyraz evde yok mu?
CEVHER ALBAY	Allah Allah? Bir şey mi oldu sana?
POYRAZ	Oldu Albayım. Sonunda bu da oldu. Aşk acısıyla sarhoş olup olay çıkarma klişesine düştüm. Bu ne biçim İkinci Poyraz Albayım. Bunu Birinci Poyraz bile yapmazdı. Albayım bi dilekçe yazar mıyız?
CEVHER ALBAY	Kime yazıcaz?
POYRAZ	Genelkurmay'a. Belki onların ellerinde fazla Ayşegül vardır. Bi tane gönderirler.

POYRAZ	Sen hiç dilekçe örneği yazdın mı?
İSA	Yazmadım.
POYRAZ	Yaz o zaman. Genelkurmay Başkanlığı, Ayşegül İkmal ve Dağıtım Komutanlığı, -Sevgili ayrılık ve birleşim dairesine...
ÜMRAN	Sağ üst köşeye tarih atmayı unutma.
İSA	Attım anne.
CEVHER ALBAY	Alt tarafa da bi "Çok Gizli" ibaresi koyalım. Ne olur ne olmaz.
POYRAZ	Yok yok. Çok Gizli değil, Çok Hisli ibaresi koyalım. Sevgili Genelkurmay Başkanım, Başkanlığınızın 114 tire 576 envanter kaydıyla şahsıma emanet ettiğiniz bir adet Ayşegül'ün düşman saflarına geçtiğini üzüntüyle arz ederim. Yazıyon di mi?
İSA	Yazıyom...
POYRAZ	Şu durumda. Yine tarafıma. Yepyeni bir Ayşegül'ün istihdam edilip, eski Ayşegül'ün ameliyatla kalbimden sökülüp alınması gerekmektedir. Aksi takdirde memleketimizdeki Ayşegüller... Öteki Ayşegüllerden banane ya... Ben benim Ayşegülümü istiyorum... Yaş olmuş otuz beş, afedersin. Bu yaştan sonra bi de ayrılık acısı mı çekelim? Çekelim anasını satayım. Bu ülkede ayrılık acısı çekilecekse onu da en iyi biz çekeriz.

AYŞEGÜL Söz vermiştin bana.

POYRAZ Ayşegül hiç mi tanımadın mı beni? Ben tutmak için söz vermem. Zaman kazanmak için söz veririm.

POYRAZ 10 yaşıma kadar sarışın mavi gözlüydüm ben. Sonra ateşli bir hastalık geçirdim. Böyle esmer oldum. Ateşli silahlara da merakım o hastalıktan sonra başladı zaten.

SİNAN Ya baba sen isteyince çok komik oluyorsun.

SEFER *(telefonda)* He tamam gördük ilkokulu.

ZÜLFİKÂR Dön ordan. İlerde taksi durağını gördün mü?

SEFER Hee gördüm.

ZÜLFİKÂR Onu geç. Düz devam ediyorsun. Sağda bi ekmek fırını var mı?

SEFER Var lan, var!

ZÜLFİKÂR Hah tamam. Şimdi solunda camii var mı?

SEFER Evet, var.

ZÜLFİKÂR Hee. Dedem orda cami olmaması lazım. Sen yanlış geldin o zaman.

SEFER Senin Allah belanı versin ya! Mal! Kapat sen kapat, ben bulurum!

AYŞEGÜL Çığlık atmak istiyorum...

POYRAZ Aşıcaz bak bunu da aşıcaz...

AYŞEGÜL Tabii... Arkamızda cesetler... Bunu da aşarız be Poyraz. Aşamıcaz anlamıyor musun! Babanı öldürecekler babanı! Farkında değilsin herhalde!

POYRAZ Farkındayım! Bak beni tanıyorsun... Her türlü durumda bi şekilde hayatta kalmayı başardım. Seni kaybetmemeyi bile başardım. Nasıl yaptım bilmiyorum ama yaptım işte! Anladın mı?

AYŞEGÜL Beni sevme artık ya! N'olur sevme! Sevdikçe batıyoruz!

POYRAZ Ayşegül senden geriye serçeparmağın kalsa bile seni sevmeye devam edicem ben!

AYŞEGÜL Sen ne zaman Oğuz Atay okuyan romantik adamdan şiddet yanlısı bir hanzo'ya dönüştün acaba?

POYRAZ Bi yarım saat oluyo.

❖

SEFER Ulan ne manyak adamlarsınız. İki tane top alın gelin dedik alt tarafı...

TAŞKAFA Aga sen iste, biz buraya Real Madrid'i de yığarız. Yeter ki senin yüzün gülsün...

ZÜLFİKÂR Oğlum sen de yürüyon mu lan herife? Bi de çiçek ver bari...

❖

AYŞEGÜL Bak sen yine öyle bakıyorsun Poyraz.

POYRAZ Nasıl bakıyormuşum ya?

AYŞEGÜL Ben bi haltlar çeviriyorum bakışı.

POYRAZ Benim öyle bi bakışım yok ki... Şöyle bi bakışım var. Bu da "selam güzel bayan sizinle tanışabilir miyiz" bakışı...

AYŞEGÜL Aman iyi tamam. Laf cambazı.

SEFER Çocuklar burda anasız babasız mı büyüsün?

YET. MÜDÜRÜ Büyümesin tabii de. Sen ideal baba değilsin şimdi, kusura bakma.

SEFER Vaaay. İdeal baba değiliz ha? Nasıl oluyor ideal baba bi anlat hele bana.

Lan bizi el kadar bebeydik karakola bırakmışlar. O muydu ideal baba? Zülfikâr'ın babası anasını dövüyordu. O mu ideal baba? Poyraz'ın babası kızın karnından torununu çekti aldı! O mu ideal baba? Söyle müdürüm, söyle! Nasıl oluyor bu ideal baba! Nerde olur nasıl olur söyle!

SEMA Sefer lütfen...

SEFER Görüyorsun di mi Sema? Türk Standartları Enstütüsü'ne göre alamadık ISO 9001'i. Ulan ben de boyum kadar çocuk yetiştirmezsem yüzüme tükür lan!

Biz gücümüzü ordulardan değil
yalnızlığımızdan alırız.

BAHRİ

*Üç yanlış bi delikanlıyı götürür derler!
Şuraya bak! Bi yanlış,
üç tane aslan gibi delikanlıyı götürdü be!*

ZÜLFİKÂR

Canım acıyo benim! İçim acıyo Poyraz...
Kalbimi canlı canlı sökseydin bu kadar acımazdı...

AYŞEGÜL

Kimi sevdiysem aleyhime delil oldu.

POYRAZ

Doğru şartlar oluştuğunda
her insan canidir.

ADİL

ÖYLE BİR DERDİM VAR Kİİİ...
BİN DERMANA DEĞİŞMEM.

SEFER

AYŞEGÜL	Ne istiyorsun?
POYRAZ	Biraz sevgi. Biraz şefkat. Biraz huzur.
AYŞEGÜL	Yolun aşağısında market var.
POYRAZ	Biliyorum. Ordan da burayı tarif ettiler.
AYŞEGÜL	Sevgi taze bitti. Şefkat ancak bana yetecek kadar var. Huzur desen hiç gelmedi. Kusura bakma...

ZÜLFİKÂR	Çiğdem evlenmiş ya lan...
SEMA	Ne?
ZÜLFİKÂR	Balayına bile gitmişler. Oya Bora adalarına...
BAHRİ	Oğlum sen demedin mi? Git evlen diye kıza?
ZÜLFİKÂR	Ben ne bileyim 3 ay sonra çıkacağımızı. Ben girmişken 30 sene yatarız diyordum. Kız kendini mahvetmesin dedim. Ulan Poyraz hem içeri attırdın yaktın bizi hem çıkarttın yaktın bizi! Alacağın olsun.

İHSAN Şimdi basın danışmanından haber geldi. Topik olmuşsunuz.

İSMAİL KARAYEL O ne lan?

İHSAN İyi bir şey galiba. Trend Topik.

İSMAİL KARAYEL İyi bir şeyse de sen her yerde söyleme. Topik mopik... Sakata gelmeyelim.

❖

AYŞEGÜL Dünyada bir kadından daha tehlikeli tek bir şey var biliyorsun di mi?

POYRAZ Neymiş?

AYŞEGÜL Kıskanç bi kadın.

❖

TAŞKAFA Lan Sema parmağını şıklattı hemen fırladın ayağa. Az bi otur. İyice hanımköylü oldun ha...

SEFER Bak Taşkafa iyi dinle. Aslan, maymun, diğer bütün hayvanlar ormanda toplanmışlar eşli batak atıyorlar. Hava kararınca aslan kalkmış, masadan demiş hanım bekler ben kalkayım. Maymun atılmış kafa bulacak güya. "Lan" demiş "bi de ormanın kralı olcan, hanımdan mı korkuyon?" Aslan bi bakmış maymuna ters. "Birader" demiş,"evde beni senin gibi maymun beklemiyor. Aslan bekliyor." Hadi hayırlı tıraşlar.

ZÜLFİKÂR Doksana çaktı hacı. Hiç kıvırma.

POYRAZ Konu ne konu?

ALBAY İstanbul'un Fethi!

POYRAZ İstanbullu Fethi mi? O kim Albayım! Tanımıyorum ben öyle birini.

ÜMRAN İstanbullu değil. İstanbul'un Fethi, Poyraz Bey. 1453!

POYRAZ Ne olmuş İstanbul'un fethine?

İSA Ya işte şey... Önemini maddeliyoruz Poyraz Abi.

ALBAY Bizans imparatoru kimdi Poyraz?

POYRAZ	İmparator mu?
İSA	İmparator Fatih Terim, abi. Onu biliyoruz.
ALBAY	Cıvıtma be sen de.
ÜMRAN	Ama çok ayıp İsa!
İSA	Tamam ya!
POYRAZ	Alo orda mısınız?
İSA	Biz burdayız Poyraz Abi. Ne oldu İstanbul'u alınca onu söyle.
POYRAZ	Ne olacak oğlum, el birliğiyle içine ettik işte. Her tarafa alışveriş merkezi diktik. Tarihi eserleri yaktık yığdık yağmaladık! Ormanları da yedik bitirdik.
ALBAY	Ya hu onu sormuyor çocuk!
ÜMRAN	Hangi çağ kapandı Poyraz Bey!
POYRAZ	Ortaçağ kapandı Ümran Hanım. Bizanslıları ortaçağa kapatıp. Biz bilgisayar çağına geçtik.
İSA	Madem bilgisayar çağındayız benim niye yok ya! Hâlâ bi bilgisayar almadın be anne.
ÜMRAN	Alırız oğlum. Onu da alırız.

MERT	Sen ayvayı yedin oğlum Sinan. Benim kardeşim doğduğunda bir hafta sokakta yattım resmen.
SİNAN	Nasıl ya?
MERT	Ya bildiğin unutuyorlar seni. Aç susuz kalıyorsun.
SİNAN	Ne?
MERT	Sen babanı filan unut. Artık varsa yoksa kardeş muhabbeti.
SİNAN	Babam beni acayip çok sever ya.
MERT	Ben de öyle zannediyordum. Sonra kardeşi daha çok seviyorlar.
SİNAN	Yıkıldım şu an...

SEFER Usta bu nasıl kader ya? Büyük ikramiyede gözümüz yok hadi tamam. Bi amorti mi çıkmaz lan! Bi teselli ikramiyesi de mi olmaz!

ZÜLFİKÂR Olmaz babacım. Sana bana olmaz.

SEFER Lan bi kuru sevdamız vardı elimizde. Tutunacak bi dalımız vardı. Şöyle bi baktım dedim, "Tamam tünelin ucunda ışık var aga! Çıkarım ben burdan güneşli havalara..." Meğer üzerimize gelen trenin ışığıymış...

❖

AYŞEGÜL Aklım hep sende.

POYRAZ Aklın bi önemi yok. Yeter ki kalbin bende olsun...

❖

SİNAN Bende sahne hobisi var.

POYRAZ Hobi değil fobidir o.

❖

ADİL Başım ağrıyo Bahri.

BAHRİ O başın hâlâ omuzlarının üstündeyken kıymetini bil.

TAŞKAFA	Aga bak, İsviçreli bilim adamları insan ömrünü yüz seneye çıkarmanın formülünü bulmuşlar.
SEFER	Ben yüz yaşına kadar yaşamak istemiyorum ki...
ZÜLFİKÂR	Zaten İsviçre'de de yaşamıyorsun.
TAŞKAFA	Konu kilit.
ZÜLFİKÂR	Konu kilit. Ayrıca şu var. Yüz sene yaşasan ne olacak? Aslında bizim ömrümüz ne kadar biliyor musunuz, 4 ay filan.
TAŞKAFA	O ne ya?

ZÜLFİKÂR	Günde 8 saat uyuduğunu farz et. 75 sene üzerinden hesap et. 8 saat çarpı 365 gün.
TAŞKAFA	2920 saat.
ZÜLFİKÂR	Çarpı 75 yıl.
TAŞKAFA	219 bin saat.
ZÜLFİKÂR	Böl 24'e.
TAŞKAFA	9125 gün.
ZÜLFİKÂR	Yani?
TAŞKAFA	25 yıl aga. 25 yıl uyuyoruz lan! Yuhhh!
SEFER	Oğlum siz mal mısınız ya? İnsan 8 saat uyuyorsa. Bir gün de 24 saatse üçte biri yapar. 75'i böl üçe 25 işte.
ZÜLFİKÂR	Daha bitmedi... Günde 1 saat yemek yesen 75 yılda 3 yıl eder. Ömrümüzün 1 yılını tuvalette sıçarak geçiriyoruz. Abi rezillik değil mi ya? 2 saat televizyon izlesen 6 yıl yapar.
SEFER	Aga ne beyin bıraktın ne kafa bıraktın! Acı bize ya! Az insaf et ya!
ZÜLFİKÂR	Oğlum daha bunun trafiği var... Günde en az iki buçuk saat. Nerdeyse 8 yıl...

POYRAZ Ver ben kullanırım!

AYŞEGÜL Ayakta duramıyorsun! Arabayı nasıl kullanacaksın!

POYRAZ Sen arabayı ayakta mı kullanıyorsun!

❖

ZÜLFİKÂR Tanıdık doktor dediğin yer burası mıydı? Veteriner lan bura!

TAŞKAFA Alt tarafı bi dikiş ya! Atıverir, bir şey olmaz.

ZÜLFİKÂR Sen bir yerin ağrıyınca veterinere mi gidiyorsun!

❖

POYRAZ İzzet Günay'ın Türkan Şoray'a söylediği gibi...

AYŞEGÜL Çok eskiden rastlaşacaktık.

❖

ÇİĞDEM Hayvanları neden bu kadar çok seviyorsun?

ZÜLFİKÂR İnsanları iyi tanıdığım için.

POYRAZ Bavulunu hazırla.

AYŞEGÜL Ne? Noluyo ya?

POYRAZ Meksika'ya kaçıyoruz!

AYŞEGÜL Manyak mısın sen? Bunlar hakkaten Meksika bileti? Nerden aldın bunları?

POYRAZ Manavdan aldım. Adam kampanya yapmış. 2 kilo mandalina alana Meksika biletini bedava veriyor.

AYŞEGÜL Kesin batar.

POYRAZ Şaşırmam.

SINAN E burda iki bilet var? Ben n'olucam?

POYRAZ Seni de aldırıcam. Okulun bitsin.

SINAN Ya gün geçmiyor ki dışlanmayalım arkadaş. Sevimli çocuklara bu düşmanlık nedir ya!

BAHRİ	Ben işlerimi sağlama alırım. Anca cevaplarını bildiğim soruları sorarım.
DESPİNA	Yani önce cevabı öğrenip sonra soruyu soracaksınız?
BAHRİ	Bütün akıllı adamlar gibi... Tabii bir cevap alırsam.
DESPİNA	Önce soruyu duymakta ısrar ediyorum.
BAHRİ	Hanfendi. Risk almak için çok yaşlı bi adamım.
DESPİNA	Ben hâlâ naz yapacak kadar gencim.
BAHRİ	Sanırım sorumun cevabını aldım.
DESPİNA	Ben hâlâ soruyu duyamadım.

SEFER Taktı şimdi de Dafne denen kıza. Kız benim fotoğraflarımı çekmiş, benim haberim yok. Bu da görmüş oraya gidince. Bana bozuk çalıyo.

ZÜLFİKÂR Bozuk mu çalıyo? Lan sen dua et kazığa oturtmamış seni. Sema'dan bahsediyoruz. Allah muhafaza bi sabah uyanırsın gözlerinin yerine pamuk doldurmuş.

SEFER Senin niye canın sıkkın?

ZÜLFİKÂR Dolar çok yükseldi be emmoğlu?

SEFER Çiğdem di mi?

ZÜLFİKÂR Bi unutsam...

SEFER Tolstoy ne demiş? Unutulanlar unutanları asla unutmaz.

ZÜLFİKÂR Allah Allah. Aynı lafı İbrahim Erkal da söylemişti. Tesadüf herhalde...

SEFER Âşık adama hepsi bir be canısı.

AYŞEGÜL Poyraz. Ben Mete'ye bi şans daha vermek istiyorum...

POYRAZ Ayşegül. Şakaysa hiç komik değil. Ciddiysen yakarım kendimi.

AYŞEGÜL Çok ciddiyim, kusura bakma.

POYRAZ Ayşegül. Teknik Direktör olursun altyapıda yetenekli bi genç görürsün. Şans verirsin. Anlarım. "Ya ben bu Poyraz'ı hayatımdan çıkarmak istiyorum" diyip hiç tanımadığın birine nasıl şans vereceksin! Bi anlat bana ya!

AYŞEGÜL Hiçbir şey anlatmak zorunda değilim. İstediğimi silerim. İstediğimi a takıma alırım. İstemediğimi kadro dışı bırakırım. Bunun da kimseye hesabını vermem!

ZÜLFİKÂR Hani bazı maçlar vardır. Atıyorum. Sivasspor - Real Madrid maç yapıyor mesela. Oldu farz et. İşte o Sivaslı futbolcular kazanmaya çıkarlar biliyor musun? İnandırmıştır kendini. Çıkıp aslan gibi oynayacak topunu. Verecek mücadelesini. Tekmeye kafayı sokacak. Formayı terletecek...

ÇİĞDEM Eee?

ZÜLFİKÂR İşte o futbolcuların hepsi aslında biliyordur o maçta beş yiyeceğini. Ama umut eder adam. İtiraf edemez kendine. Hayal kurar. Adam nasıl arasın karısını anasını babasını. "Anacım bak çok dua et 5'ten fazla yemeyelim" nasıl desin?

ÇİĞDEM Ne alakası var şimdi ya?

ZÜLFİKÂR Bizimki böyle bi aşk be Çiğdem. Belli yiyeceğiz biz o beşi. Gözüm tribünlerde, girer manyağın teki hakeme saldırır da maç iptal edilir diye bakınıyorum. O kadar umutsuzum.

ÇİĞDEM Neden ama neden?

ZÜLFİKÂR Zemin... Futbola elverişli değil be Çiğdem. Ben ne yapayım. Ayakta duramıyorum. Top desen kontrol edilmiyor. Bizim bi kabahatimiz yok Şartlar Donesk.

Çiğdem... Sen var ya...

Dünyadaki bütün dayaklara değersin.

ZÜLFİKÂR

Bazı gerçekler acıdır...

Bazı gerçekler hayal ettiğin tüm acıların ötesindedir...

BAHRİ

İnsan bu kadar da yakışıklı olur mu be kardeşim.

Utanmasam kendime âşık olucam...

POYRAZ

Umut etmek bi insan için en büyük zayıflıktır.

ADİL TOPAL

Ölüm dediğin aşkın yanında küçük bir ayrıntı sadece...

SEFER

ÜMRAN Taşkafa Bey iyi geceler. Bir müddet konuşmayalım olur mu?

TAŞKAFA Yani ilişkimizi ikinci kâtip seviyesine mi indiriyorsunuz?

ÜMRAN Hayır efendim, ben bütün ilişkilerimizi donduruyorum. Elçiliği kapatıyorum. İyi geceler.

TAŞKAFA Bu resmen savaş ilanı ya...

AYŞEGÜL Seni kaybediyorum!

POYRAZ Kaybedelim Albayım. Önce kendimden başlayalım...

CEVHER ALBAY Ayşegül Hanım kızımızı dinle Poyraz Bey evladım. Korkuyor senin için.

POYRAZ Korkmasınlar anlasınlar istiyorum. Bir kere de bana hak verse ölür mü bu insanlık? Aferin evladım, eline sağlık demeyecek mi kimse? Plaket verseler mesela... Poyraz Karayel'in insanlığa kattıkları için kendisine minnettarız deseler...

CEVHER ALBAY Demezler evladım.

POYRAZ Demezler Albayım. Sen bilmezsin bu "insanlık" ne nankördür.

CEVHER ALBAY Beni karıştırma yalnız... Ben insanlıktan emekli oldum.

POYRAZ Bu insanlığın gözü çıksın Albayım. Sokaklara düşsün... Sürüne sürüne ölsün inşallah.

CEVHER ALBAY İnşallah evladım.

SEFER Sürpriz...

SEMA Sefer bu ne?

SEFER Zürafa! Neye benziyo panda ayısı işte... Hediye.

❖

AYŞEGÜL Demek dönmeyeceksin...

POYRAZ Dönsem seni de yakarım...

AYŞEGÜL Yanmaktan ne zaman korktum ki ben...

POYRAZ Anlamıyorsun bütün yangınlar sana çıkıyor Ayşegül...

❖

ZÜLFİKÂR Lan hep biz sevdik. Biz âşık olduk. Biz paraladık kendimizi!

SEFER Sonra hep biz patladık. Hep bizim ağzımıza sıçıldı. Seni seveni sevmedikten sonra sevmenin ne anlamı var?

ZÜLFİKÂR Bak bu güzel laf ha. Bak not al bunu. Allah söyletti sana... dur la telefona not alayım.

SEFER Yok be aga, matara değil ki bu. Doldur boşalt. Onu çıkar, bunu koy. Olmuyo işte. Ben n'apayım. Ben artık başkasını sevemem. Âşık olamam bi daha.

SEFER	Meltem'le mi beraberdin?
TAŞKAFA	Hee. Kızı bırakmaya gitmişti en son.
SEFER	Nedir son durum?
ZÜLFİKÂR	Görüşüyoruz işte...
SEFER	Görüşüyoruz ne oğlum?
TAŞKAFA	Aha kesin sevgili olmuş bunlar. Bakışlarından belli.
ZÜLFİKÂR	Sen de ne ara ilişki perisi oldun birader?
SEFER	Oğlum bizden mi saklıyon?

ZÜLFİKÂR Tamam ama şimdilik saklıyoruz.

TAŞKAFA Kimden?

ZÜLFİKÂR Bilmem.

SEFER Sen de var ya. Bir miligram akıl varsa...

TAŞKAFA Ulan içinizde bi imkânsız aşktan muzdarip ben kaldım be...

ZÜLFİKÂR O iş çok zor yonca. Hele daha Ümran'ın kocasının cesedi çıksın, sen o zaman seyret.

SEFER Oğlum bak, ceset çıkana kadar bağladın bağladın. Sonra zor. Bir ilişkinin arasına ceset cinayet girdi mi o ilişki daha da dikiş tutmaz. Haksız mıyım Zülfo?

ZÜLFİKÂR Aynen dedem. O iş patlarsa ultra imkânsız bir hal alır sizin iş. Çöllere düşersin yeminle.

TAŞKAFA Ya bi susun. Sıkıntıdan kafamda saç çıkacak yemin ediyorum... Offf...

POYRAZ "Hepsi geçecek Poyraz" haricinde bana güzel bir şey söylesene.

AYŞEGÜL Poyraz. Seni seviyorum.

POYRAZ Ben de çok seviyorum beni. Ortak yanlarımızın olması ne güzel di mi?

AYŞEGÜL Dangalak olduğun kadar da küstah bi insansın biliyorsun di mi?

POYRAZ Sen de güzel olduğun kadar açık sözlüsün. İşte bu yüzden ben de seni çok seviyorum. Ha bu arada, dün gece baban az daha babamı öldürüyordu.

AYŞEGÜL Ne?

İnandığımız yerden kırıldık

POYRAZ	Yaz bakalım İsa. Dostluk bugünlerde eşine az rastlanır bir kavram olmakla beraber. Hâlâ yaşayan bir kurumdur. Theodore Roosevelt'in dediğine göre "Arkadaş, seçilebilen kardeştir."
TAŞKAFA	O kim la?
ZÜLFİKÂR	Topçu be olum. Adana Demirspor'da oynamıştı bir ara.
CEVHER ALBAY	Olur mu evladım, Amerikan Başkanı adam.
ZÜLFİKÂR	İyi topçuydu zaten. Gelecek vaat ediyordu. Demek o kadar yükselmiş. Helal olsun.

POYRAZ Bir daha görmeyeceksin beni! Bir daha duymayacaksın! Rahatsın artık! Kimse yalanlar söylemeyecek sana! Ama şunu bil! Kimse de benim gibi sevmeyecek seni! Başka kimsenin kalbi Ayşegül diye atmayacak!

AYŞEGÜL Bi âşık olalım dedik felaketim oldun Poyraz! Sen sadece bi aşkı mahvetmedin! Bi hayatı mahvettin. Beni mahvettin! Bizi mahvettin! Üstelik bunu bile isteye yaptın ya! Her şeye tamam da! Bunu nasıl yaptın!

POYRAZ Başka çarem yoktu! Sen hiç "Keşke bitmese" dediğin bi rüya görmedin mi Ayşegül? İşte bu oydu!

AYŞEGÜL Benim için de bir an önce uyanmak istediğim bi kâbus! Anladın mı? Şimdi git! Nereye gidiyorsan git!

ZÜLFİKÂR Afganistan'ı düşündün mü hiç? Yıllardır insanlar birbirini öldürüyor. Kan... gözyaşı ve terör. Neden biliyor musun? Çünkü dünyanın en büyük afyon üreticisi... Geçen sene 6 bin 400 ton uyuşturucu ürettiler. Orda savaş olmazsa o küreselci şerefsizler o uyuşturucuyu üretip dünyaya satamaz.

ZAFER Bana niye anlatıyorsun ki bunları?

ZÜLFİKÂR Sözümü kesme lan! Sierra Leone'yi düşündün mü hiç? Afrika'da küçücük bir ülke. Dünyanın en büyük elmas ve altın madenleri orda... Normalde İsviçre'den 20 kat zengin olması lazım. Ama iç savaş, fakirlik ve yoksulluktan başka bir şey yok. Sokaklar 10 yaşındaki çocukların başsız cesetleriyle dolu... Ortadoğu ve petrolü saymıyorum bile. Bütün bunların arkasında bir tek şey var: Küresel sermaye. Ve bu şaka değil. Şimdi söyle bana. Senin arkanda kim var? Kim besliyor lan seni? Kime çalışıyorsun söyle!

MELTEM	Şu Selin'e çok sokulma ha.
POYRAZ	Niye?
MELTEM	Âşık filan olmasın.
POYRAZ	Saçmalama ya, tabii ki olacak.
MELTEM	Nerden biliyorsun?
POYRAZ	Çünkü kızlar bana âşık olurlar Meltem. Ben de açıklayamıyorum bu durumu ama öyle...
MELTEM	Sen önceki hayatında Firavun falan mıydın? Bu ne kibir ya...
POYRAZ	Ne kibri kızım! Realite bu. Ben n'apayım!

AYŞEGÜL Tehlikeli sularda yüzüyoruz.

POYRAZ Sorun yok. Ben yüzme bilmiyorum zaten.

❖

AYŞEGÜL Şiir çok güzeldi...

POYRAZ Bütün şiirler güzeldir... Sen de güzelsin.

❖

AYŞEGÜL O telefon açılmadı ya... Ben onu yazdım bi kenara...

POYRAZ Evet. Geleneksel Poyraz Karayel'in Günahını Alma Şenlikleri başlamıştır sevgili izleyenler. Bi telefonu açmadık diye hemen kötü mü olduk? Kadın milleti işte. Bir milyon tane telefonda aşk sözcükleri itiraflar iltifatlar... Onların değeri yok. Bi telefon açılmadı suçluyuz anasını satayım.

AYŞEGÜL Yok sen kesin bi halt yedin. Bu kadar uzun konuşmandan belli.

SELİN	Ayşegül'ü anlat bana...
POYRAZ	Hani insan bazen kendini eksik hisseder. Hayatın anlamsızdır... boştur. Sonra biri girer. Her şey yeniden anlam bulur. Yeniden doğarsın. Dünyaya hiç bakmadığın bir gözle bakarsın. Yaşamak için bi amacın olur. İşte Ayşegül o. Beni ben yapan her şey.
SELİN	Hayatımın anlamı diyorsun?
POYRAZ	Sadece hayatın değil, ölümün de tek anlamı.
SELİN	Onun yerinde olmak isterdim...

ZÜLFİKÂR	Çok güzelsin kız. Hele o sıpa gözü gibi gözlerin filan var... İnsanın türkü okuyası geliyor.
MELTEM	Başkan girme o klişeye be. Türkü mürkü bize ters.
ZÜLFİKÂR	Eyvallah. Gençliğimde ben Nirvana filan da dinledim yani... Pink Floyd, Led Zeppelin. Az çok bilirim yani.
MELTEM	Babacım zorlama. Böyle güzel.

Ben balık olmuşum
kime ne

SONGÜL Ev değil sanki mülteci kampı. İpini koparan geliyor. Bizim de bi özel hayatımız var yani.

SADREDDİN Lan sıçtırtma özel hayatına.

ADİL O evden elimi kolumu sallaya sallaya çıkacağımı ikiniz de biliyorsunuz di mi?

POYRAZ Evet, biliyoruz. Ellerin ve kolların ayrı çantalarda olacak ama sen de onu biliyorsun di mi?

POYRAZ Bir de sakın adımızla hitap etmeyelim birbirimize. Meltem'i bizim aldığımızı bilmemeli adamlar.

TAŞKAFA Tamam da ne diyicez?

POYRAZ Ben Bay Beyaz'ım. Sefer Bay Siyah. Sen Bay Kırmızı. Zülfikâr da Bay Pembe.

ZÜLFİKÂR Bi dakka bi dakka. Ben niye Bay Pembe'yim? Pembe olmam. Kırmızı olsaydım bari?

POYRAZ Abi ne fark eder?

SEFER Yavruağzı olsun.

TAŞKAFA Yok yok, turkuaz olsun.

ZÜLFİKÂR Abiler Bay Pembe'ysem gidiyorum bak.

TAŞKAFA Tamam lan tamam, kırmızı sen ol. Ben de Bay Mavi'yim o zaman.

AYŞEGÜL Bu numaraları daha önce başka kızlara da yaptın mı?

POYRAZ Başka kızlar mı? Ayşegül bir şeyi açıklığa kavuşturalım. Benim hayatım seninle tanıştığım gün başladı.

AYŞEGÜL Sen çok kötü bi yalancısın.

POYRAZ Sen de çok güzelsin.

MELTEM Hırsız girdi sandım ya?

ZÜLFİKÂR Hee kalp hırsızı girmiş... Şşş Nasıl ortam?

MELTEM Bu ne başkan ya? Evlilik hayalleri kuran evde kalmış kız hayali bunlar. Gelmez bize.

ZÜLFİKÂR Bi boku da beğen la! Senin için yapmadığımız şebeklik kalmadı! Allahtan kork kadın!

MELTEM Haa işte benle böyle konuşacan başkan! İçten ol, samimi ol! Böyle standart itelemasyon konseptlerle gelme bana. Romantik mi olucan? İçinden ne geliyorsa onu yapıcan. Bu kadehler ne ya?

ZÜLFİKÂR Ya kızım bi değişiklik olsun dedik. Sosisli yemekten midem bozuldu yeminle. Otur şuraya.

MELTEM Ya dedem bunlar küresel romantizm itelemeleri. Şimdi Çin'den Peru'ya kadar git, hayaller hep bu.

ZÜLFİKÂR Sokmuşum küreseline affedersin. Az akıllı ol la! Tadını çıkar.

Çocuklar düşe kalka büyür. Babalar öyle değildir.
Düştü mü daha da kalkamaz.

BAHRİ

Mezarların içi kendini vazgeçilmez
sananlarla dolu.

BAHRİ

Kendi canından aziz bilmediğin bir şeyi
sevmiş sayılmazsın.

BAHRİ

Baba demezseniz sevinirim.
Zaten bu köpeklerden evlat olmaz.

BAHRİ

Ben işlerimi iki türlü hallederim.
Bir: Güzellikle.
İki: Kendi yöntemlerimle. Sonuçları
birincisi kadar güzel olmuyor.

BAHRİ

POLİS	Hayırdır nereye böyle?
ZÜLFİKÂR	Hastaneye gidiyoruz? Arkadaş hasta da...
POLİS	Nesi var?
ZÜLFİKÂR	Beyni yok. Yani var da, tam kapasite çalışmıyor. Arada tekliyor filan.
POLİS	Sen bi kimliğini ver. İn arabadan bakayım.
ZÜLFİKÂR	Daha bekleyecek miyiz?
POLİS	Acelen mi var?
ZÜLFİKÂR	Ben biliyorum niye beni çevirdiğini.
POLİS	Niye çevirmişim?
ZÜLFİKÂR	Küresel sermaye.
POLİS	Ney?
ZÜLFİKÂR	Size bu akıllı telefonları tabletleri kim dağıtıyor?
POLİS	Emniyet Genel Müdürlüğü.
ZÜLFİKÂR	Öyle değil işte. Sen burdan benim bilgileri giriyorsun ya... Tak Si Ay Ey Hedkuartır'dan görüyorlar.
POLİS	Nerden görüyorlar?
ZÜLFİKÂR	Langley diyorum. Si Ay Ey diyorum.
POLİS	Si Ay Ey güzel dizi bak. İzliyorum akşamları.

ZÜLFİKÂR Kardeşim, o Si Es Ay. O başka, bu başka. Gizli servis diyorum. Sen burdan giriyorsun benim bilgilerimi, adam ordan depoluyor. Anladın? Veri topluyor. Hepimizi fişliyorlar. Ne yiyor ne içiyoruz? Sonra tak bağlanıyor uydudan izliyor adam beni! Nerelisin sen?

POLİS Edirne.

ZÜLFİKÂR Vaay toprağım.

POLİS Sen de mi Edirnelisin?

ZÜLFİKÂR Yok. Tunceli.

POLİS Lan nerden toprağın oluyorum ben senin. Aynı kıtadan bile değiliz!

ZÜLFİKÂR Ya kardeşim aynı ülkenin çocuğuz yani ne var. Tunceli'yi mi beğenmedin?

POLİS Al ehliyetini mehliyetini, yürü git ya! Bi de senle mi uğraşacağım burda!

ZÜLFİKÂR Herife bak, Edirne'de doğmuş ya bizi beğenmiyor. Avrupalıymış beyfendi. Sanki Hapsburg hanedanından! Artis!

SİNAN Sen benden ağırsın Ayşegül Abla n'apalım!

POYRAZ Yani kesinlikle bir kilo problemi iması değildi Ayşegül Ablası...

AYŞEGÜL He...

POYRAZ N'apıyon oğlum sen? Eceline mi susadın? Kadınlarla öyle konuşulmaz. Dünyadaki bütün kadınlar acayip zayıftır, taş çatlasa 45 kilodur filan unutma...

SİNAN Tamam baba. Bunu öğrendiğim iyi oldu.

Ayşegül ben bugüne kadar girdiğim bütün savaşlardan
yenik ayrıldım! Benim savaşmaya gücüm kuvvetim yok!
Ben teslim bayrağını çoktan çekmişim!

POYRAZ

Şuna bak ya, bi de böyle kabadayı tavırlar filan...
Valla hack'lerim bıyıklarını ona göre!
Yerine ruj koyarım görürsün.

MELTEM

Yedi derviş bir posta oturur, iki padişah cihana sığmaz.

BAHRİ

Ben senin kanındaki asaletim Poyraz.

ADİL TOPAL

Siz âşıksınız. Ben sen yok artık. Tek vücutsunuz.
Teksiniz. Neden? Çünkü aşk ikiliği kaldırmaz aga.
Sen bakma hepsi "modern birey" şimdikilerin. Benim yaşam
alanım bilmem ne palavralarına aldanma. Birsiniz oğlum siz.
Sen onun sevdiğini seveceksin, o da senin sevdiğini.
Haa zor mu geliyor. O zaman senden ne yâr olur ne de adam.
Senden bi cacık olmaz aga. Anladın mı?

SEFER

SEFER Aslında ben hazırdım seni unutmaya. Dedim, "Sefer olacak dua var olmayacak dua var." Ama dedim, "Bu iş yaş..." Sonra Baba'ya arz ettim durumu. Dedi, "Bekleyeceksin. Gerekirse bi ömür." Elim kolum bağlandı tabii. Hayır, o değil de sen nasıl döndün ben onu anlamadım.

SEMA Bi gün arabayla gidiyordum. Sonra seni düşünmeye başladım. Arabayı çektim sağa. İyice düşündüm. Dedim ki, "N'apıyorum ben?" Sonra birden anladım. Kimse beni senin kadar sevemeyecekti...

SEFER Herhalde yani.

SEMA Sen o kadar güzel bi âşıksın ki... Senin bana olan aşkına âşık oldum sanırım. Sadakatine bağlandım. Çabana hayran oldum. Sonra hatta bu kadarını hak etmediğimi bile düşündüm... Ben senin kalbini kırdım. Haksızlık ettim. Ölüyordun ya sen benim için...

SEFER Ölüm aşktan daha kolay. Hele senin için... Lafı olmaz Sema.

AYŞEGÜL	Bazen ne düşünüyorum biliyor musun? Biz yeryüzünde âşık olması gereken en son çiftmişiz gibi geliyor.
POYRAZ	Ayşegül biz çift değiliz. Tekiz biz. Aşk iki kişiyi kaldırmıyor, bilmezsin sen...
AYŞEGÜL	İki kişi de bi aşkı kaldıramıyor ama...
POYRAZ	Gidip mahalleden adam mı çağırayım şimdi?

MELTEM	Adam seviyordu demek bayağı...
ZÜLFİKÂR	Sen ne diyon kızım? Sevmeyi icat eden adam bu be. Kara sevdanın kitabını yazmış bi insan kendisi. Basılmadı o ayrı...
MELTEM	Kara sevda, mara sevda filan büyük büyük laflar. Bayılıyorsunuz bu delikanlı numaralarına... İcraata gelince fıss...
ZÜLFİKÂR	La adam yüzüğü çıkarmak için parmağını kesti attı ney fıss!

❖

SİNAN	Bak Albay Amca. En güzeli böyle diz çökeceksin. Yüzük kutusunu çıkaracaksın. Sonra diyeceksin ki?
İSA	Ne mutlu Türküm diyene!
CEVHER ALBAY	Hay yaşa!
POYRAZ	Dokuz pare de top atışı yaparız. Göndere bayrağı da çektik mi tamamdır. N'oluyo ya? Ne bu ya? Evlilik teklifi mi? Albayımızın düşman işgalinden kurtuluşu mu?

POYRAZ Benim için endişelendiğini sanıyordum.

AYŞEGÜL Gayet iyisin işte... Hâlâ yaşıyorsun en azından.

POYRAZ Nefes alıyor olmam yaşadığım anlamına gelmez.

AYŞEGÜL Ya ne anlama gelir?

POYRAZ Mutsuz olduğum... Mutsuzluk iki âşığa ne kadar çok yakışıyor değil mi?

AYŞEGÜL Biz âşık değiliz. Neden biliyor musun? Çünkü sen hödüğün tekisin.

İSA Konumuz divan edebiyatı Poyraz Abi. Bir sürü âşık var. Leyla ile Mecnun. Ferhat ile Şirin. Kerem ile Aslı. Kimse kavuşamıyor. Öğretmenimiz dedi ki, "Bunlar neden kavuşamıyor nedenleriyle yazınız".

POYRAZ Yazarız İsa, ayıpsın. Şimdi sevgili İsacım. Olay aşkta değil zaten ayrılıkta...

İSA Neden abi?

POYRAZ Çünkü aşkın asıl yaşandığı hal ayrılık halidir. Acı, özlem, hüzün hep ayrılıktadır. Tutku ayrılıktadır. Yani sen hep kavuşmayı beklersin. Ayrılık başka bir şey. Aşk değil, ayrılık adama şiir yazdırır. Roman yazdırır. Şarkı yaptırır. Resim çizersin. Bir şey yaparsın. Öbür türlü nanay. Elinden tut. Restorana git. Sinemaya git. Var mı bi olayı? Yok.

İSA Hiç böyle düşünmemiştim...

POYRAZ Sen düşünme diye ben düşünüyorum işte... Bak şimdi Leyla ile Mecnun tut ki evlendiler. Ohh. Avcılar düğün salonunda düğünü de yaptılar. Toki'den bi de eve girdiler mi. İki de çocuk, biri kız biri erkek. Otur sonra dizi izle, evlilik programı izle. Mecnun akşamları kahvede takılsın. Maç izlesin. Oluyo mu?

İSA Olmuyo valla.

POYRAZ Olmaz. Ayrılacaksın ki... Özlemesi olsun. Kavuşması olsun...

İSA Poyraz Abi? Siz Ayşegül Abla'yla mı ayrıldınız yoksa...

POYRAZ Kimse ayrılmasın İsa. Böyle hayat mı olur ya! Yemişim ayrılığını. Biz de Leyla ile Mecnun olmayalım ne var? 500 sene konuşulmayalım anasını satayım. Ama Ayşegül yanımda olsun! Ayrılık ölümden beter be İsa. Batıyoruz İsa!

İSA Batma Poyraz Abi!

POYRAZ Bat Poyraz bat!..

Çok eksiğiz
çok

ZÜLFİKÂR Aga n'apıcaz biliyon mu? Alıyoruz iki tane yüzük. Aynı çıkıyoruz kızların karşısına diyoruz ki: "Evlen benimle."

SEFER Yuh. Sema kabul eder mi lan öyle şeyi?

ZÜLFİKÂR Maksat bi şok yaratmak. Hep böyle defansif oynuyoruz ya. Biz ondan kaybediyoruz.

SEFER Hücum pres mi yapalım diyorsun? Savunmanın dengesini mi bozalım?

ZÜLFİKÂR Aynen aga. Yüzük başka bir şey. Belki kız onu bekliyor. Ciddiyet görmek istiyor.

SEFER Bilemedim be aga...

ZÜLFİKÂR Bi türkü okuyum mu?

SEFER Okuma.

ZÜLFİKÂR Tamam.

ZÜLFİKÂR Küçük bi hediye yapacaz işte! Ne büyüttün bu kadar ya!

MELTEM İyi de sen tutturdun siyah beyaz olsun diye. Çocuk Fenerbahçeli.

ZÜLFİKÂR Ya tamam. Adı üstünde çocuk işte! Yapmış bi hata!

MELTEM Ulan sana inat bundan sonra ben de Fenerbahçeliyim! Bütün burayı sarı laciverde boyamazsam ne olayım! Ne fanatikmişsin arkadaş! Sen maça gidip hakeme filan küfür de ediyorsundur... Sahaya yabancı madde de atıyorsundur kesin...

ZÜLFİKÂR Hee. İnsan başka niye gitsin ki maça?

POYRAZ Güzel bayan! Etrafınız çevrildi. Lütfen elinizi vicdanınıza koyup teslim olun!

AYŞEGÜL Allahın delisi ya...

POYRAZ (Megafonla)

Ayşegül dur lütfen! Sana yıllar önce yazdığım "Polisler de Sever" şiirimi okumuş muydum?

AYŞEGÜL Kafayı yedin iyice!

POYRAZ (Megafonla)

Kuşlar sever, kuzular sever /
Ağaçlar börtü böcek de sever /
Ya polisler sevmez mi sandınız /
Hayır efendim polisler de sever!
Bülbüller gülleri sever /
Çöller yağmuru sever /
Vallahi kafiye olsun diye değil /
Yeminle polisler de sever.

AYŞEGÜL Sen benim başıma bela mısın ya!

ZÜLFİKÂR Ya şimdi. Çiğdem başka bi insan... ama Meltem de bambaşka birader. Birinin gözleri böyle sıpa gözü gibi... Bi tanesinin ki çipil çipil...

SADREDDİN İpek'i bi görmeniz lazım beyler. Bi insan su gibi olur mu ya. Su gibi kız işte... hiçbir şey değil. Oturup izlersin böyle...

TAŞKAFA Ya tamam da Ümran Hanım kocasını öldürdüğümü öğrenince ne olacak? Siz onu deyiverin bana... Bu yaştan sonra katil oldum ya...

ZÜLFİKÂR Herife bak, sanki düne kadar genetik mühendisiydi...

SEFER	Sizin sohbetinize sıçayım ben! Ulan hanginiz benim kadar dertlisiniz be! Sevdiğim kadın beni hatırlamadı diyorum oğlum! Alooo!
ZÜLFİKÂR	Anarşik filan ama sevimli kız... Öteki de dünya güzeli şimdi... Offf... N'apıcam ben?
SADREDDİN	Yeniden doğdum sanki Sefer. Ya ben bugüne kadar hiç yaşamamışım ki zaten. O manyakla aynı odaya sıkışıp kalmışım!
SEFER	İyice ergene bağladınız be! Bu ne be kardeşim!
ZÜLFİKÂR	Sen evli adamsın. Bizim halimizden anlamazsın!
SEFER	Oğlum daha dün evlendim lan!
TAŞKAFA	Baba imzayı attın mı attın? Geçmiş olsun.
SADREDDİN	Sema başka şimdi. Sen gül gibi kız aldın. Benim gibi ejderhayla evlenmedin ki...
ZÜLFİKÂR	Bi türkü okuyak mı lan!
SADREDDİN	Okuyak lan!
SEFER	Hadi söyle bir şeyler...

Dünyada mutluluk diye bir şey yok Ayşegül. Sadece birbirimize söylediğimiz yalanlar var!

POYRAZ

Dünyaya yine gelsem... Yine karşıma sen çıksan... Yine aynı durumda olsak... Aynısını, belki daha fazlasını bile yapardım... Çünkü sen her saniyesine değersin...

POYRAZ

Sonunu düşünen âşık olamaz Ayşegül.

POYRAZ

Ben o eski Poyraz değilim. Poyraz Karayel öldü Ayşegül. II. Poyraz dönemi başladı. II. Poyraz'ım ben. Ya sen Ayşegül'süz kalmak nasıl bir şey biliyor musun? Düşün, balıksın ama denizin yok. Kuşsun mesela, kanatların kırılmış. İnsansın, kalbin atmıyor. İşte Ayşegül'süzlük böyle bir şey. Ben sensiz yaşamak istemiyorum Ayşegül.

POYRAZ

POYRAZ	Konu ne bu sefer?
İSA	İcatlar ve keşifler. Biz insanlığa ne gibi katkılarda bulunmuşuz filan
POYRAZ	Bu ne biçim konu ya... Albayım var mı sende bir şey?
CEVHER ALBAY	Var tabii. Yaz bakalım İsa. Milletimizin insanlığa katkıları. Kurt kapanı taktiği.
İSA	O ne ya?
CEVHER ALBAY	Türklerin savaş sanatına en büyük hediyesi. Düşmanı üzerine çekip böyle yanlardan sarıyorsun.

POYRAZ	Çocuğa ne biçim şeyler öğretiyorsun Albayım.
CEVHER ALBAY	Sen mi diyorsun bunu!
POYRAZ	İsa biliyor musun benim babam mucitti...
İSA	Hadi ya! Neyi keşfetti?
POYRAZ	Hayal kırıklığını. Hayalleri kırmayı başaran ilk insandı kendisi.
İSA	Ben de ciddi bir şey diyeceksin sandım.
POYRAZ	Niye lan beğenmedin mi? Benim babam olmasaydı şimdi ortaçağda yaşıyor olurdunuz. İnsanlık tarihi ikiye ayrılır. BÖ ve BS.
CEVHER ALBAY	O nerden çıktı be?
POYRAZ	Babamdan önce. Babamdan sonra. Çok büyük adamdı çok. Bir ülkeyi tek başına felakete sürükleyecek kadar hayal kırıklığı bıraktı bana.

Hızlandıkça azalıyorum

TAŞKAFA Dedem. Dedelerim... Ben sizi çok seviyom ha. Bilmiş olun.

SEFER Biz de seni seviyoz Taşkafa.

TAŞKAFA Ama ben sizi çok seviyorum ha. Bak valla.

ZÜLFİKÂR Tamam la anladık. Herife bak neredeyse alt dudak alacak...

TAŞKAFA Ne bileyim, ben, Sadreddin vurulmuş dediklerinde bi elim ayağım çekildi lan... "Ah" dedim, "keşke gideydim peşinden... Keşke ben yiyeydim o kurşunları..." Hem o zaman baba da bu kadar üzülmezdi... Beni o kadar sevmiyor neticede...

SEFER Babanın kimi ne kadar sevdiğini Allah bilir. Biz kimiz lan onun gönlünün genişliği karşısında... Duymayayım bir daha...

TAŞKAFA Tamam dedem, tamam kızma... Öyle boşandım birden...

ZÜLFİKÂR Bunun da var ya kalbi göbeğinden büyük ha...

POYRAZ Oğlum duydun mu? Kardeş geliyor sana.

SİNAN Duydum evet. Kuru fasulye pilav cacık üçgeninde turşu olmaya doğru gidiyorum. Turşu bile değil. Tuzluk olacam resmen.

POYRAZ Oy oy oy kıyamam. Oğlum sen benim ilk göz ağrımsın ya...

SİNAN Beni artık daha az seveceksiniz...

AYŞEGÜL Öyle bir şey mümkün mü ya?

SİNAN Mümkün tabii!

MELTEM Ben bu el öpme olayına sıcak bakmıyorum. Ben niye böyle bir otoriteye boyun eğmek zorundayım ki?

ZÜLFİKÂR Lan anarşik. Anarşiklik de bir yere kadar. Anamın elini de mi öpmeyecen?

MELTEM Başkan benim prensiplere fevkalade ters!

ZÜLFİKÂR Dedem... Bak şimdi. Bizim bu ideolojiler niye başarıya ulaşamıyor?

MELTEM Niye?

ZÜLFİKÂR Yereli yakalayamıyoruz. Sen şimdi bizim örfümüzü âdetimizi, efendim ananemizi reddedersen toplum da seni reddeder.

MELTEM E tamam işte. Reddetsin zaten. Benim toplum beni kabul etsin diye bir kaygım yok ki? Bir ideoloji de yaymaya çalışmıyorum. Hatta hepsine birden gıcığım.

ZÜLFİKÂR Ya alt tarafı bi el öpecen ya! Amma büyüttün ha! Öpme la! Nasıl bi manyağa tesadüf ettik arkadaş! Her şeye bi kulp takıyor! Her şeye bir şey buluyor! Yeter la! Biz de Tuncelili bi insanız. Memleketin insanıyız! Ben hayatımda babamın karşısında bacak bacak üstüne atmış adam değilim!

MELTEM İşte bunlar hep böyle şekil başkan. Bize gelmez.

SONGÜL Kimle konuştun?

SADREDDİN Elinin körüyle. Çok selamı var.

❖

SİNAN Bir yüzümüze gülmedi kader. Acıların çocuğu olduk resmen.

POYRAZ He tabii. Havuzlu villada yaşayan acıların çocuğu Sinan Karayel.

❖

ZÜLFİKÂR Küresel ölçekten baktığında dünyada düğünlere harcanan para ne kadar biliyor musun?

TAŞKAFA Bilmiyorum.

ZÜLFİKÂR Valla ben de bilmiyorum ama dünyadaki en saçma sektör. Hepi topu iki saatlik bir olay için milyarlarca dolar harcanıyor. Yok salonu, gelinliği, damatlığı, şekeri, davetiyesi... Gelin başı diye bir şey var ya. Gelin başı ne ya! Bir de saçma sapan âdetler türedi. Yok ayakkabının altına isim yazmalar filan. Biz de ne özenti milletiz be. Kına gecesi öyle mi ya? Ne güzel. Yerli bi kere. Bizden yani.

BAHRİ Gerçek bi erkek karısını aldatmaz.

SADREDDİN Sevmiyorum ben bunu ya... Sev-mi-yo-rum.

BAHRİ Sadakat ve sevgi iki ayrı şeydir. Bir asker komutanını sevmeyebilir ama ona sadık olmak zorundadır. Sen mesela beni sevmeyebilirsin. Ama bu bana ihanet edebileceğin anlamına gelmez. Aşkın, sevmenin bir raconu olduğu gibi ayrılığında bi raconu vardır. Evliliğin de...

MÜFETTİŞ Ne zamandır birliktesiniz?

AYŞEGÜL Biz birlikte değiliz ya. Allah korusun. Bi zamanlar bir hoşlaşma olmuştu ama kısa sürdü.

MÜFETTİŞ Neden kısa sürdü?

POYRAZ Canımı zor kurtardım Sayın Müfettişim. Sen bu bi yalancı çık. Bana söylemedi baştan Bahri'nin kızı olduğunu.

AYŞEGÜL Ben bunu eski polis sanırken meğer bu bana mahsus yanaşmış. Öyle yalancı... Öyle ikiyüzlü bi insan kendisi...

POYRAZ Ben bunu anlar anlamaz hemen tekmeyi bastım tabii... Sonra bu sapıttı kendini. Peşimden koşmaya başladı. Git dedikçe sakız gibi yapıştı.

AYŞEGÜL Terk ettim kaç kere. Düşmedi yakamdan. Geldi evimin camlarını kırdı ya. Bütün mahalle şahit. Rezil oldum ele güne...

POYRAZ "Kızım" diyorum. "Benim gül gibi karım var. Arayı düzelticez" diyorum. Hiiiç bana mısın demiyor. İlle "Ya toprağın ya benimsin."

AYŞEGÜL Terk edip Yunanistan'a kaçtım. Orda da buldu beni.

POYRAZ Tutturdu evlenicez. Evlenicez de evlenicez. Ya diyorum "git!" Yok işte "Sen şöyle karizmasın böyle yakışıklısın efendim entelektüel bir kişiliksin..." Beni ne övüyon ya. Beni övme kardeşim. Ben sanki bilmiyorum kendimi...

AYŞEGÜL Bi de kendini rock yıldızı zannetmiyor mu? Sesim güzel sanıyor zavallım. Ayy kıyamam. Sen çık arkadaşımın nişanında Müslüm Gürses söyle... Nasıl çekip gittiğimi herkesler gördü.

POYRAZ Bi kere tipim değil. 23 kilo insan mı olur ya. Bir sarılıyorsun yarısı boşa gidiyor. Şemsiyeye sarılsan daha iyi.

AYŞEGÜL Ya bi gözleri var. Biri kalk gidelim diyo, öteki bok yeme otur diyo. Affedersiniz...

POYRAZ Kadın dediğim biraz etli butlu olucak... Ben öyle seviyorum şahsen.

AYŞEGÜL Erkek dediğin böyle gladyatör gibi olur. Baklavalar şöbiyetler... Bu var ya. Bildiğin çiroz. Çıt desen kırılır.

MÜFETTİŞ Bu fotoğraflara ne diyeceksiniz?

POYRAZ Oynanmış bu fotoğraflarla...

MÜFETTİŞ? Neresiyle oynanmış?

POYRAZ Gururuyla oynanmış...

AYŞEGÜL Fotoşok olmasın. Allah Allah? Hiç hatırlamıyorum.

CEVHER ALBAY Ne yaptım öldüm mü ben?

POYRAZ Albayım siz ölürseniz ben ne yaparım? Albaylar ölemez. Hele emekli albaylar asla. Bi düşün bakayım, sen şimdi ölsen buraya üç tane bekâr üniversite öğrencisi taşınsa... Bangır bangır müzik dinleseler... Kızların biri çıksa biri girse... N'olur bu apartman?

CEVHER ALBAY Evladım biz burda kendi canımıza kastediyoruz. Sen apartmanın derdindesin.

POYRAZ Sen şimdi öldüğünü düşün. O gazete ilanında ne yazacak? Birlik ve beraberliğe en çok ihtiyaç duyduğumuz bugünlerde. Saat 10.05'te, kardeş ülke Azerbeycan'dan ithal edilen doğalgazının vanasını açmak suretiyle ruhunu Hakka teslim etmeye yeltenen Muzaffer Türk Ordusu'nun sadık bir neferi olan Emekli Albay Cevher Güngören, 2 aylık doğalgaz faturasını yatırmayı unutmuş olduğundan...

CEVHER ALBAY Ne?

POYRAZ Doğalgaz şirketi yetkililerinin olaya müdahale ederek... Saat 10.09'da Emekli Albayımızın kendini intihar etme girişimine son anda mani olmayı başarmış akabinde ve detayında Albayımız Gülhane Askeri Tıp Akademisi'nde müşahede altına alınmıştır. Kendisine Emekli Albaylar Federasyonu adına acil şifalar dileriz. Oldu mu şimdi bu?

CEVHER ALBAY Ben şimdi ölmedim mi Poyraz evladım?

POYRAZ Sen dünyadaki albayların en emeklilisin. Beni bırakıp gitmene müsaade edemem Albayım. Sakın bi daha yapma bak.

ZÜLFİKÂR Yalnız seninle ben ne güzel anlaşamıyoruz di mi?

MELTEM Hangi konuda?

ZÜLFİKÂR İşte anlaşamadığımız için ortada bi konu yok.

MELTEM Anlaşmaktan ne anladığına bağlı. İki insanın aynı dili konuşması anlaştıkları anlamına gelmez bence.

ZÜLFİKÂR Doğru dedin. Önemli olan aynı duyguyu paylaşmak.

MELTEM Bak bu konuda anlaştık bence.

TAŞKAFA Durun yemeyin. Bi selfi çekinelim mi lan sofra bozulmadan!

ZÜLFİKÂR Bi dakka bi dakka. Ben bu selfi olayına karşıyım.

SEFER Niye?

ZÜLFİKÂR Çünkü bu Allahın belası şey, kapitalist emperyalist küresel güçlerin uydurması!

SEFER Yuh! O nerden çıktı lan?

ZÜLFİKÂR Selfi demek kendim demek. Benlik demek benlik! Ego! Bunu Oskar ödül töreninde niye patlattılar. Çünkü dünyaya şu mesajı veriyorlar: Asıl önemli olan sensin! Hayatta tek varlık sensin! Kendini önemse! Kendine âşık ol! Kendi kendine yaşa! Hepsi saçmalık! Amaçları ne biliyor musunuz! Hepimizi kendi egolarımızın cehenneminde hapsetmek! Evet, aynen bu! Çevrene aldırma! Dünyada ne olup bittiğini boş ver! Toplumu önemseme! "Ben! Ben! Ben!" diyerek kafayı yememizi istiyorlar.

SEFER Sen içme oğlum. İçince sapıtıyorsun.

ZÜLFİKÂR	Ben Sefer'le saat 3 yönünden sessizce yaklaşayım... Siz de saat 9 yönünden gelirsiniz... Anlaştık mı?
SEFER	Ne oldu? Şimdi de özel harekât mı oldun lan başımıza?
SADREDDİN	Bırak şimdi üçü beşi. Girelim ne olacaksa olsun.
TAŞKAFA	He ya. Girelim hemen. Acıktık birader.
SEFER	Agalar en iyisi Taşkafa'yı tek gönderelim. Adamları direkt yesin.
TAŞKAFA	Ayıp oluyor ha...
SADREDDİN	Hadi lan yürüyün işte!

Benim adım Poyraz Karayel. Benim başıma birtakım
felaketlerin gelmesi için mantığa gerek yok.

POYRAZ

Ayşegül duydum ki gidiyormuşsun, gitme! Sakın gitme!
Bak her şey düzelecek! Düzelteceğim her şeyi!
Sana söz veriyorum! Ben de kendime kızgınım!
En az senin kadar kızgınım! Ayşegül gitme! Sen gidersen gözlerin,
ellerin her şey seninle birlikte gider! Bari gülüşünü bana bırak
öyle git! Nerdesin Ayşegül! Aç şunu!

POYRAZ

Seni seviyorum Ayşegül! Her şeyden çok! Sensiz ben
kesin ölürüm! Ölmesem bile yüzde doksan sürünürüm...

POYRAZ

İki dakka mutlu olduk ya! İki dakka huzur bulduk ya!
Başımıza gelmeyen kalmadı! Ben diyordum zaten bi problem var
diye! Poyraz Karayel mutlu olmayacak abi! Çile çekecek!
Bu adamın mutlu olması tehlikeli ve yasaktır!
Bitti!

POYRAZ

SEDEF Siz? Yeni mi geldiniz?

POYRAZ Evet. Ben de bağımlıyım.

SEDEF Buyrun dinliyoruz... Adınız?

POYRAZ Poyraz Karayel. 30'larımdayım. İstanbul'dan katılıyorum. Bir oğlum var, ellerinizden öper.

SEDEF Ne zaman başladınız?

POYRAZ Birkaç ay önce...

SEDEF Madde bağımlılığı mı? Alkol mü?

POYRAZ Benimki hepsinden beter.

SEDEF Hangi yolla alıyorsunuz? Damar yoluyla mı?

POYRAZ Kalp yoluyla. Maddenin adı Müzeyyen. Aşırı derecede Müzeyyen bağımlılığı varmış bende. 4 ay önce gördüm ilk. Görür görmez bağımlılık yarattı. Bi gözleri var... Anlatamam. Aslında anlatırım, edebiyatım iyidir. Ama sizde de bağımlılık yapsın istemem.

SEDEF Galiba bi kadından bahsediyorsunuz...

POYRAZ Bi kadından bahsetmiyorum. Aşkın kendisinden bahsediyorum. Önce bir kereden bir şey olmaz dedim. Bir iki deneyeyim, sonra bırakırım dedim. Olmadı... Önce aklımı, sonra kalbimi, sonra bütün hücrelerimi ele geçirdi. Geceleri Müzeyyen diye uyudum, Müzeyyen diye kalktım. Kendimi avutmak için iki dairemi sattım, başka Müzeyyenler aldım. Olmadı.

SEDEF Anlıyorum ama galiba siz yanlış yere geldiniz.

POYRAZ Yardıma ihtiyacım var! Beni de yatırın! Hem ne güzel yatırım! İlerde çok değerlenicem ben! İyileştirin beni. Yoksa aşırı dozda Müzeyyen alıp kendimi öldürücem! Dertsiz tasasız yaşamak istiyorum. Büyücülere mi gitmedim! Hacı hocalara mı varmadım! "İflah olmazsın" dediler! "Müzeyyen'e varman lazım" dediler!

AYŞEGÜL Sakin olur musunuz lütfen!

POYRAZ Ya ne biçim doktorsun! Niye sakin olacakmışım! Âşığım, seviyorum! Bağımlıyım diyorum!

AYŞEGÜL Sizi dışarı alalım. Ben sizin kaydınızı yapayım!

POYRAZ "Yazık bu çocuğa dediler!" "Vicdansız bu kız" dediler! "Siz aşktan ne anlarsınız" dedim! "Müzeyyen'i bilmezsiniz" dedim!

Ben senin içindeki karanlığım Poyraz.

ADİL TOPAL

Ben senin içindeki umudum Ayşegül.

ADİL TOPAL

Ben senin içindeki hayalperestim Sema.

ADİL TOPAL

Ben senin içindeki merhametim Bahri

ADİL TOPAL

BEN SENİN İÇİNDEKİ ÖLÜMÜM ADİL!

BAHRİ

POYRAZ İsa'ysa ben yokum ha?

SİNAN İsa Abi! Hoş geldin! Gel babam burda!

POYRAZ Bunlar çocuk değil, dış mihrak yemin ediyorum!

İSA Poyraz Abi! Ocağına düştüm. Tarih ödevi. Çok önemli.

POYRAZ Hangi tarih?

İSA Tarih serbest. Söyle bi tane yazalım be abi. Sana evden ekmek de getiririm.

SİNAN Yaparız yaparız, otur sen.

POYRAZ Yaz bakalım Poyraz Karayel Tarihi! Yazıyor muyuz İsa? Başlık Tarihimize Giriş. 1. Kısım. Yaradılış.

İSA Yazıyoruz inşallah.

POYRAZ Önce aşk vardı, sonra insan yaratıldı / Kavga dövüş tabiatımıza aykırıydı / Kıymetini bilemedik aşkın ve sevginin / Doğdu Poyraz Karayel mayısında seksen birin. Küçüktü ufacıktı, gerçeklere acıktı / Hayatı desen zaten çok acıklı / Kelimelerden yalnızlığı sevdi / Bir de buhran / Aldırmayın siz ona aklı zaten kaçıktı / Konuşmazdan evvel okumayı sökmüştü / hayatın anlamını çok küçükken çözmüştü / ayten abla evet büyük olabilirdi ondan / ilk aşkından sonra hayatına küsmüştü... Şimdilik bu kadar, sonra devam ederiz...

AYŞEGÜL	Kızma ama bir şey dicem.
POYRAZ	Söyle.
AYŞEGÜL	İstersen ben veririm kiranı.
POYRAZ	Olur. Bana da biraz borç verir misin?
AYŞEGÜL	Sen de yıkılacak yer arıyormuşsun.
POYRAZ	Maaşa bağla beni Ayşegül. Sen bana bak. Ben seni seveyim.
AYŞEGÜL	Ya arkadaşım bıraksana!
POYRAZ	Sigortamı da yaparsın. Bir de akbil verirsin tamamdır. İşim gücüm seni sevmek olur. Poyraz Karayel: Profesyonel âşık. Öyle sabah 8 akşam 5 de değil. 24 saat severim seni. Uykumda bile. İstersen acı da çekerim. Ama o mesaiye girer. Platonik âşık da olurum. O zaman çift maaş.
AYŞEGÜL	Ben romantik... duygulu... kibar bir âşık istiyorum.
POYRAZ	Hah, tam yerine geldin. Roman bizde. Şiir bizde. Gitar bizde. Ses bizde. Şarkı türkü desen o da bizde. Daha iyisini bul, kendimi iade edicem yeminle!
AYŞEGÜL	Ben diğer mağazalara da bi bakayım o zaman.
POYRAZ	Tamam tamam. Yüzde yirmi indirim de yaptım sana. Zaten senin bedenin kalmamıştır diğer mağazalarda...
AYŞEGÜL	Benim fakir ama gurursuz sevgilim...

MELTEM	Hacı sen hangi takımlıydın? Beşiktaş mı?
ZÜLFİKÂR	Beşiktaş kısmı doğru da, takım kısmı doğru değil.
MELTEM	Beşiktaş takım değil mi abi?
ZÜLFİKÂR	Takım değil kulüp.
MELTEM	İkisinin ne farkı var?
ZÜLFİKÂR	Takımlar futbolcular, yöneticiler, statlardan, kupalardan ve paradan oluşur. Biz kulübüz. Kulüplerin felsefeleri, duruşları ve değerleri vardır. İşte Beşiktaş bu yüzden kulüptür dedem. Takım demezsek sevinirim. Hassasım o konuda.

Oturuyorduk öyle... O vardı, ben vardım. Bir de sessizlik vardı. Sonra birden kaldırdı kafasını... Gözlerimin içine baktı... Ben onunkilere bakamadım. Zaten hiç bakamazdım. "Eğer" dedi, "insan... canını sevdikleri için feda edemeyecekse bir gün... Aldığı her nefes haramdır... Yediği ekmek haramdır... içtiği su haramdır..." Sonra kalktı gitti, ben kaldım. Düşündüm epey. O haklıydı... Hayat varsa... Onun da bir anlamı varsa... Ölümün de bir anlamı olmalı diye düşündüm... Sonra daha çok düşündüm. Bu dünyada başımıza gelen en güzel şey ölmek diye düşündüm. Çünkü zaten hepimiz ölmek için doğuyoruz. Demek ki ölüm yaşamın kendisi... Tamam kabul, güzel bi hayatım olmadı. Can yaktık, vurduk da vurulduk da... Boğazımıza kadar günaha da battık. Ama en azından adam gibi sevdik. Benim de şu hayattan kârım bu oldu. Eskiler "uçurum"a boşuna "yar" dememişler. İşte az sonra yârim için, şu derin yardan geçiyorum. Değersiz canım aşka feda olsun. Az sonra ölümüm bütün hayatımı anlamlı kılacak... Unutmayın... Ölüm haktır, sevgi baki. Hadi eyvallah. Kalın sağlıcakla...

SEFER

DESPİNA Bence bazı şeyleri konuşmamız lazım Bahri Bey...

BAHRİ Bazı şeyler konuşulmayınca güzeldir Despina Hanım...

DESPİNA Konuşmazsak nasıl anlaşıcaz?

BAHRİ Cahiller konuşarak anlaşır.

DESPİNA Ya âşıklar?

BAHRİ Onlar taa ezelden anlaşmışlardır zaten. Şimdi sadece tadını çıkarırlar...

Deseler ki baban mezardan çıkacak. Ben yine senin gibi bir adamla iş yapmam. Buraya evime geldin, parkelerimi kirlettin. Ne sen böyle bir teklif yaptın ne de ben duydum. Şimdi defol git.

BAHRİ

Siz bi evlat gömmenin nasıl bir şey olduğunu biliyor musunuz? Bilemezsiniz... Kendi canını gömersin... Kendi canının üzerine toprak atarsın... Ana baba gömmeye benzemez... Ben o günden beri hayatta hiçbir şeyden zevk almadım. Almayacam da... Yediğim içtiğim hiçbir şeyi tadını bilmedim. Bilmiyecem de... Hâlâ yüreğimde sızısı be... Boğazım yanıyor... Her gün o mezarın içinde olmayı diledim... Her gün her sabah her gece... Her mezar gördüğümde... Her çocuk gördüğümde... O mezarın içinde olmayı diledim...

BAHRİ

Bi laf vardır. "Bir sürçen atın başı kesilmez" diye.

BAHRİ

Sen de hem gül seveyim diyorsun hem elime diken batmasın. Rezil rüsva olmayı göze almayandan âşık olur mu?

BAHRİ

POYRAZ Bi dakka düşün Ayşegül! Bi an aklını bırak kalbine sor! Sor bakalım! Hiç mi özlememiş beni! İçeri girme, bi arkadaşa bakıp çıksan bile olur!

AYŞEGÜL *(iç ses) Özlemez olur muyum ya? Niye peşinde deliler gibi koşturup duruyorum sanıyorsun... Aklım bıraksa gururum bırakmıyor Poyraz!*

Özlediğim bir tek şey var. Poyraz'dan önceki hayatım!

(iç ses) Yalanlarını yiyim Ayşegül. Âşıksın sen bu adama hâlâ! Bak işte şimdi sımsıkı sarılmamak için nasıl tutuyorsun kendini!

POYRAZ Yalan söylüyorsun!

AYŞEGÜL Sen kendini kandır!

(iç ses) Lafı ağzımdan aldın Ayşegül. Sen kendini kandır anca.

POYRAZ Bi şans daha ver ya! Bi şans! Bak nasıl düzeliyo her şey!

AYŞEGÜL Ne saçmalıyorsun ya! Hemen sapıttın kendini! Bi yardım edelim dedik! Geldiğimiz noktaya bak!

(iç ses) Hep zaten geldiğimiz noktaların kurbanıyız! Gelme işte bu noktaya! Burası tehlikeli!

POYRAZ İkinci Poyraz dönemi diyorum. Ayrılık çağı kapandı. Aşk mevsimi açıldı. Sonsuza kadar sürebilir istersen! Tamam, sonsuza kadar sürmesin... Bir 20 yıl daha yaşasak bence tamamdır. Öyle tok gözlüyüm yani.

AYŞEGÜL *(iç ses) Bak yine başladı. Böyle konuşunca kalbin karıncalanıyo işte... Bi kere öpsem şunu yaa... Bi sarılsam ben de rahatlıyıcam aslında! Hadi benim cesaretim yok bari sen öp be adam!*

Poyraz n'olur sus! Yeter artık!

(iç ses) Sus yoksa dayanamayacağım!

CEVHER ALBAY	Ağla evladım ağla... Açılırsın...
POYRAZ	Ağlamıyorum Albayım... Eriyorum. Yavaş yavaş eriyorum... Biraz şansım varsa buhar bile olurum...
CEVHER ALBAY	Çok üzdün bizi be Poyraz...
POYRAZ	Üzerim Albayım. Üzerime gelirsen hepinizi ağlatırım...

Bugün günlerden hüzün

Hepsi manyak bunların!

POYRAZ